Irmentraud Schlaffer

Mit Buddha in Kontakt

Irmentraud Schlaffer

Mit Buddha in Kontakt

Von der Kunst, sich mit der Erleuchtung zu vernetzen

arbor

Arbor Verlag
Freiburg im Breisgau

1. Auflage 2010

Titelfoto: © 2010 sör alex / photocase.com
Lektorat: Lothar Scholl-Röse
Gestaltung: Anke Brodersen
Druck und Bindung: Westermann, Zwickau

Dieses Buch wurde auf 100 % Altpapier gedruckt und ist alterungsbeständig.
Weitere Informationen über unser Umweltengagement
finden Sie unter www.arbor-verlag.de/umwelt.

www.arbor-verlag.de

ISBN 978-3-86781-029-6

Inhalt

Geleitwort von Rigdzin Shikpo

Es ist mir eine große Freude, dieses von meiner Schülerin Irmentraud Schlaffer verfasste Buch zu empfehlen. Sie ist seit vielen Jahren eine ausgezeichnete Schülerin des Weges des Buddha und es ist sehr wichtig, dass dieser Leitfaden zur Entwicklung von Meditation und Verständnis im Alltag geschrieben wurde.

In der heutigen Gesellschaft gibt es einen starken Glauben daran, dass unsere unangemessene Emotionalität die Wurzel aller Probleme sei. In Wahrheit ist es jedoch so, dass die eigentliche Wurzel unserer Schwierigkeiten in unserem Greifen nach unangemessenen mentalen Strukturen liegt. Negative Emotionalität entsteht aus unangemessenen mentalen Strukturen, an die wir uns klammern, als wären diese ihrerseits religiöses Dogma. Die Unterweisung in diesem Buch befreit die Übenden von diesen starren Strukturen und führt sie zu dem Raum von Offenheit, Klarheit und Feinfühligkeit.

Alle Anfänge sind der große Anfang
Alle Reisen sind eine Reise
Alle Flüsse fließen aus einer Quelle zum weiten Ozean
Nackte Wahrheit ist immer vor dir,
verschließe also deine Augen nicht!

Rigdzin Shikpo, Oxford im Mai 2010

Einführung

Dieses Buch ist eine Einladung. Es möchte Sie mitnehmen auf eine Reise durch einen Tag. Dieser Tag könnte ein ganz gewöhnlicher Alltag in Ihrem Leben sein. Sie könnten ihn jedoch auch als etwas Besonderes erleben, als einzigartige Gelegenheit, sich mit dem tieferen Sinn des Lebens zu verbinden.

Die meisten Menschen sehnen sich nach mehr Sinn im Leben, den sie z.B. beschreiben als Suche nach Wahrheit, als Erfüllung und Entfaltung ihrer Kreativität, als universale Liebe, wahre Menschlichkeit oder Einklang mit sich und der Welt. In diesem Buch wird der tiefere Sinn in Begriffen des Buddhismus ausgedrückt: Es geht darum, sich mit der Erleuchtung zu vernetzen, mit den Buddhas in Kontakt zu kommen und Ihrer inneren Buddha-Natur zur Entfaltung zu verhelfen.

Wie sieht das Netz der Erleuchtung aus und wie können Sie sich damit vernetzen? Vermutlich kommt Ihnen zunächst der Vergleich zum Internet in den Sinn. Doch das weltweite Netz, um das es hier gehen soll, ist keine neue technische Erfindung des Computerzeitalters, sondern wird in einer Lehrrede des Buddha, dem *Avatamsaka-Sutra* (jap. *Kegon-Sutra),* beschrieben. Es ist eine Schrift, die zum Großen Fahrzeug des Buddhismus, dem sogenannten *Mahayana*, gehört.

Dort ist vom *Juwelennetz des Indra* die Rede. Dies ist ein Bild dafür, dass alles im Universum, bis hin zu den kleinsten Teilchen in einem gemeinsamen Netz wechselseitig miteinander verknüpft ist. Diese Teilchen sind wie Juwelen. Und in den Facetten eines jeden Juwels spiegeln sich alle anderen Juwelen des Universums. Somit ist im Universum alles miteinander verwoben und durchdringt sich wechselseitig. Man kann aus diesem Netz kein Einzelteil herausgreifen und es isolieren, vielmehr hängt alles zusammen und gehört zu einem Ganzen. Alles ist so, wie es ist, weil die Gesamtheit des Universums so ist, wie sie ist. Aber das Ganze ist keineswegs eine statische oder starre Verknotung. Vielmehr fließt und bewegt sich alles dynamisch in sich ständig verändernden Mustern der Kreativität, die allerdings unser gewohntes begriffliches Denken überschreiten.

Da alles mit jedem verbunden ist, sind wir auch mit den oben genannten tieferen Aspekten des Lebens wie Wahrheit, Liebe und Menschlichkeit verknüpft, und zwar schon hier und jetzt. Dieses Netz ist schon immer vorhanden, wir brauchen es nicht neu zu knüpfen. Der Weg besteht darin, dass wir uns an das Netz erinnern, das zwischen allem, was lebt, gespannt ist, und dass wir dabei insbesondere die Fäden ins Auge fassen und pflegen, die mit Erwachen oder Erleuchtung und den daraus hervorkommenden Qualitäten zusammenhängen. Wenn wir die Anknüpfungspunkte bemerken, ermöglicht das Juwelennetz des Indra es uns, alltägliche Vorgänge mit Aspekten der Erleuchtung zusammenzubringen und dem Alltag dadurch eine tiefere Bedeutung zu geben.

So können wir morgens beim Aufwachen daran denken, dass wir doch eigentlich zur Wahrheit aufwachen wollen. Die Sonne erinnert uns daran, wie wichtig Licht und Wärme für uns und alle Lebewesen sind und dass es im spirituellen Sinne darum geht, das

Licht der Erkenntnis auf ungelöste Aspekte des Seins zu richten. Was in unserem Leben im Kleinen passiert, kann in größere Zusammenhänge eingebunden werden, die alle Lebewesen betreffen. Auch in der Lebensgeschichte des Buddha finden wir wichtige Parallelen zu unserem eigenen Leben. Solche Verbindungen gibt es in unendlicher Fülle und in mannigfaltiger Art. Nur eine begrenzte Anzahl von Beispielen kann in diesem Buch dargestellt werden.

Unser Alltag, die Welt, die anderen Menschen, alles, was uns begegnet, wird vor diesem Hintergrund somit nicht als etwas betrachtet, was uns von unserer geistigen Ausrichtung oder unserem spirituellen Weg ablenkt und daher zu vermeiden wäre. Ganz im Gegenteil: Es wird deutlich werden, dass die Welt und unsere Mitmenschen uns ständig an unsere Verbindungen zur Erleuchtung erinnern. Dauernd senden sie uns Botschaften des Erwachens, der Liebe, des Mitgefühls, sie weisen uns ständig auf unseren wahren Ursprung und unsere eigentliche Bestimmung hin. Diese Botschaften nehmen wir leider nur selten wahr oder verstehen sie oft nicht. Es ist, als versuche jemand, uns in einer fremden Sprache eine wichtige Mitteilung zu machen. So fremd, wie diese Sprache zunächst wirken mag, ist sie allerdings nicht. Sie werden sehen, wie leicht sich Ihnen diese Sprache offenbart.

Das Wiederentdecken unserer Verbindungen zum Erwachen ist eine große Freude und darf spielerisch geschehen, mit leichter Hand und einem Lächeln. Es ist auch nicht nötig, dass Sie Vorsätze fassen, an den einen oder anderen hier aufgezeigten Zusammenhang zu denken. Vielleicht berührt und inspiriert Sie aber manches Beispiel, Bild oder Symbol, so dass Sie ganz von allein gelegentlich in Ihrem Alltag seine Verbindung zu einem tieferen Sinn erspüren. Auf diese Weise kann sich Ihr natürliches erwachtes Potential allmählich entfalten.

Selbstverständlich ist formale Meditation die zentrale Methode im Buddhismus. Wer die buddhistische Lehre wirklich umsetzen und aus eigener Erfahrung kennenlernen möchte, kommt nicht umhin, regelmäßig zu meditieren. Als Weiterführung der Meditation und als ihre notwendige Ergänzung ist das Üben im und mit dem Alltag zu sehen. Letztlich werden beide eins: das Üben auf dem Meditationssitz und das Üben im Alltagsleben.

Dieses Buch richtet sich somit an Leser, die neugierig sind, wie ihr Alltag zum spirituellen Weg werden kann. Es stellt buddhistische Ideen und Prinzipien vor, und zwar in scheinbar belanglosen und alltäglichen Handlungen. Durch den Bezug zum Alltag werden diese Ideen und Verknüpfungen sofort anschaulich, leicht zugänglich und nachvollziehbar. Andererseits finden Leser, die bereits mit der Lehre des Buddha, speziell dem Mahayana, vertraut sind, hier eine Fülle von Anregungen zur Umsetzung und Anwendung vieler Aspekte dieser buddhistischen Tradition im Alltag.

Dadurch ergeben sich vor allem für Eltern kleiner Kinder, für Menschen, die in ihrem Beruf extrem gefordert sind und für alle Personen, die wenig Zeit für formale Meditationspraxis haben, neue Möglichkeiten, sich während ihres scheinbar ganz gewöhnlichen Tagesablaufs mit der Tiefgründigkeit der Lehre und Praxis des Buddha zu verbinden und diesen Kontakt zu halten.

Es soll gezeigt werden, dass die buddhistische Lehre nichts Exotisches, sondern etwas zutiefst Nahes und Menschliches ist. Sie lässt sich hier und heute genauso praktisch anwenden und nutzen wie zu Zeiten des historischen Buddha vor 2500 Jahren. Letztlich gibt es keinen Bereich oder Aspekts des Lebens, der nicht in den buddhistischen Übungsweg einfließen könnte. Die Motivation des Mahayana ist dabei stets die Entfaltung unseres natürlichen erwachten Potentials zum Wohle aller Lebewesen.

Mit entspannter Aufmerksamkeit

Bestimmt haben Sie schon von der buddhistischen Übung der Achtsamkeit gehört. Wach, aufmerksam und im Moment gegenwärtig zu sein, gilt als Grundlage für ein Üben im Alltag. Aus der Perspektive des *Dzogchen,* einer buddhistischen Strömung, die grundlegend ist für dieses Buch (siehe Anhang), wäre noch zu ergänzen: Bitte das Entspanntsein nicht vergessen! Im Dzogchen wird eine entspannte Aufmerksamkeit gelehrt, in der wir einerseits wach und klar sind, aber eben auch gelöst, offen und gelassen.

Mit einer solchen entspannten und offenen Aufmerksamkeit möchte ich Sie gerne durch einen Tag führen. Wir werden dabei Ihre Alltagsroutine aus einem anderen Blickwinkel betrachten. Vieles, was Ihnen bisher in Ihrer täglichen Routine selbstverständlich oder belanglos vorkam, wird zu neuem Leben erweckt und mit tieferer Bedeutung verknüpft werden. Die neue Lebendigkeit von Dingen, Situationen und Handlungen ergibt sich daraus, dass diese Aspekte Ihres Lebens mit spirituellen Elementen, speziell aus der buddhistischen Lehre und dem buddhistischen Übungsweg vernetzt werden. Wir ziehen Bilder, Vergleiche und Symbole heran und spielen und experimentieren damit.

Es handelt sich allerdings nicht um bloßen spielerischen Zeitvertreib, sondern es geht um das einzige Ziel, das aus buddhistischer Sicht von wahrem Wert ist: Freiwerden von Leiden, Kummer und Frustration durch Erwachen zum Wohle aller. Wir geben uns die Chance und den Raum, Dinge mit mehr Tiefe zu betrachten, d.h., unsere Wahrnehmung der Welt wird sich dabei ganz allmählich verändern. Die hier aufgezeigten Zusammenhänge gehen somit über das bloße Üben von Achtsamkeit als Alltagspraxis hinaus bzw. ergänzen dieses.

Der Weg der Inspiration

Der buddhistische Weg besteht somit u.a. darin, mit Offenheit und Aufmerksamkeit durchs Leben zu gehen. Man lässt sich durchaus berühren von anderen und von der Welt insgesamt und versucht, vom Herzen aus zu antworten. Die Öffnung des Herzens und die Hinwendung zur Welt ist etwas, was den meisten Menschen nicht ganz leicht fällt. Im Allgemeinen braucht man dabei die Unterstützung von Menschen, die auf dem spirituellen Weg weiter fortgeschritten sind als man selbst, und von einer Gemeinschaft von Gleichgesinnten.

Solche Menschen wirken durch ihr Beispiel und ihre Präsenz und sie geben Unterweisungen und Anleitungen zum Üben in der Meditation und im Alltag. Regelmäßig zu üben ist auf jedem spirituellen Weg unerlässlich. Zusätzlich und ergänzend dazu ist eine Annäherung an Wahrheiten oder tiefere Wirklichkeiten möglich auf der Ebene der Inspiration oder Intuition. Das wird in diesem Buch versucht.

Bei dieser Vernetzungsarbeit nutzen wir Bilder, Vergleiche, Metaphern, Symbole, Anspielungen und Hinweise. All dies ist völlig natürlich, denn wir denken, fühlen und sprechen auch weitgehend in Bildern und Symbolen, die Sprache unserer Träume ist symbolhaft, unsere Umgebung und insbesondere die Kunst sind voller Symbole.

Hier soll also eine Möglichkeit aufgezeigt werden, uns über das Symbol mit dessen tieferer, erwachter Bedeutung auf der Ebene des Fühlens, Empfindens und der Inspiration zu verbinden. Bei dieser Vernetzung von Symbol und Bedeutung können alle Sinne beteiligt sein. Durch das Hinwenden zur und Spüren der symbolhaften Situation kann sich ein direkter Zugang, ein „direkter Draht" zum Erwachen eröffnen. Dies ist meist verbunden mit einem Gefühl von Wahrheit und Bedeutsamkeit, einer Ahnung von Weite und Heiligkeit.

Sie können sich mittels Inspiration oder Intuition vom konkreten Objekt oder der spezifischen Situation in eine andere Welt tragen lassen, in die Welt des Erwachens. Die dabei nötige Fähigkeit, sich auf die Dinge einzulassen, wird mit der Disziplin der Offenheit geübt. Die Hinwendung zu den Dingen ist verbunden mit der Fähigkeit, zu empfinden und mit den Dingen mitzuschwingen. Dies bezeichnen wir hier als Feinfühligkeit oder Empfindungsfähigkeit und ist letztlich nichts anderes als Mitgefühl.

Eine Welt voller Symbole

Von welchen Symbolen und Situationen wird die Rede sein? Vielleicht ist Ihnen gar nicht bewusst, mit welcher Fülle von Symbolen Sie tagtäglich zu tun haben. Denken Sie nur an den fast allgegenwärtigen Computerbildschirm mit seinen vielen Zeichen, Symbolen und „Icons". Die meisten Menschen haben sich an diese Bildersprache gewöhnt und verwenden sie ganz selbstverständlich.

Auf jeder Straße kommen Sie ständig an Symbolen vorbei, den Verkehrszeichen zum Beispiel. Kindern werden schon früh die wichtigsten Symbole beigebracht, vor allem die rote Fußgängerampel, die sagt: Bleib stehen! Symbole sprechen also. Und auch in diesem Augenblick, beim Lesen, sind Sie in Kontakt mit Symbolen und setzen deren Botschaft in Bedeutung um. Sie blicken auf schwarz gedruckte Buchstaben, die in einer bestimmten Reihenfolge angeordnet sind, Wörter und Sätze bilden, und dabei mehr sind als schwarze Muster auf weißem Papier. Es sind Worte, und sie sind ebenfalls mehr als der Klang, der entsteht, wenn Sie die Wörter laut lesen. Jedes Wort, jeder Satz transportiert eine bestimmte Bedeutung, die nicht im Buchstaben oder im Einzelnen Wort als Summe einzelner Buchstaben enthalten ist. Das wird deutlich, wenn wir Texte in einer Fremdsprache zwar lesen können, nicht aber den Sinn des Gelesenen erfassen.

Symbole vermitteln uns etwas, z.B. eine konkrete Information darüber, wo sich ein Aufzug, ein Ausgang oder eine Toilette befindet. Sie können für Gefühle oder abstrakte Botschaften stehen, so das Herz oder die rote Rose für die Liebe, das Kleeblatt für Glück. Weitere, z.T. komplexere Symbole finden wir in mathematischen Formeln, in Musik und Malerei, in Gedichten und allgemein in der Kunst, der Wissenschaft, in der Politik und in der Werbung.

Besonders in den Religionen werden häufig Symbole verwendet, wohl deshalb, weil sich tiefere oder mystische Erfahrungen nicht in Worte fassen lassen. Darum werden Symbole, Vergleiche und Bilder herangezogen, um auf solche Erlebnisse hinzuweisen. Manche Menschen verstehen diese bildhafte Sprache viel besser als theoretische Ausführungen, weil sie sich von den Bildern auf einer anderen Ebene berührt fühlen, vielleicht viel direkter und tiefer als von bloßen Worten, Fakten und Daten. Andere achten Symbole und symbolisches Handeln gering und halten beides für unnötig, was sehr schade ist. Aber jeder kann die Symbolsprache neu für sich entdecken.

Es sollte nicht verwundern, dass wir auch im Buddhismus, besonders im Mahayana, auf zahlreiche Symbole treffen. Einige mögen Ihnen fremd erscheinen, andere durchaus vertraut. So wird das Licht oder die Sonne in vielen religiösen Systemen mit dem Göttlichen in Zusammenhang gebracht, weil Licht erhellt, weil es Klarheit, Glanz und Herrlichkeit bringt und weil die Sonne wärmt und Leben spendet. Entsprechend wird auch im Mahayana die Symbolik von Licht und Dunkelheit herangezogen: Die Sonne steht für Weisheit, die Dunkelheit für Verwirrung oder Unwissenheit, und „die Sonne der Weisheit vertreibt die Dunkelheit der Unwissenheit".

Vielleicht haben Sie schon vom „Lotus-Effekt" gehört? Er basiert auf der Tatsache, dass Schmutz und Ablagerungen auf einer mikroskopisch rauen Fläche weniger fest haften und leichter durch Regen zu reinigen sind als von einer glatten Oberfläche. Es gelang bereits, diesen Effekt auf Fassadenanstriche, Dachziegel und Textilien zu übertragen.[1] Im Buddhismus steht die Lotosblume für spirituelle Reinheit. Die Lotospflanze ist zwar im Schlamm verwurzelt, ihre strahlende Blüte, die aus dem Wasser herausragt, bleibt jedoch davon unbeeinträchtigt. Der Lotos steht in unserem Kontext für Freisein von Anhaftung und begieriger Leidenschaft. Viele Buddhafiguren sitzen auf einem Lotosthron, d.h., die Buddhas sind zwar in der Welt zum Wohle der Wesen tätig, werden aber von den Fehlern, Schwierigkeiten und negativen Aspekten der Welt nicht beeinträchtigt. Der Lotos oder auch unsere heimische Seerose könnten uns an diesen Zusammenhang erinnern.

---

1 Von Professor Barthlott und seinem Team an der Uni Bonn entdeckt. Siehe www. lotuseffect.de

Im Folgenden werden Ihnen viele solcher Verbindungen begegnen, die Sie im Sinne des spirituellen Pfades nutzen können. Die aufgeführten Verbindungen von Symbol und Bedeutung stammen meistens aus der tibetisch-buddhistischen Tradition, insbesondere von meinem spirituellen Lehrer, dem englischen Dzogchen-Lehrer *Rigdzin Shikpo.* Zusätzlich habe ich mir erlaubt, eigene Beispiele und Anknüpfungspunkte einfließen zu lassen. Wenn Sie mit der Kunst des Vernetzens ein wenig vertraut sind, werden Sie mit Sicherheit eigene Verknüpfungsmöglichkeiten entdecken und nutzen lernen.

Letztlich, so erklärt Rigdzin Shikpo, hat alles, dem wir begegnen, eine symbolische Qualität, die direkt auf die Natur des Seins oder auf einen bestimmten Aspekt dieses Seins hinweist, diesen Aspekt in gewisser Weise hervorbringt und sichtbar macht. Somit kann unser gesamtes Erleben als eine Erinnerung an das Erwachen aufgefasst werden.

Wertschätzen, Wünschen und Widmen

Das offene und aufmerksame Hinwenden zu allem und jedem bringt ganz natürlich auch eine größere Wertschätzung für andere Wesen und ihre Eigenarten und für die Welt insgesamt mit sich. Manche fragen: „Darf man sich auf dem spirituellen Weg, und speziell als Buddhist, denn über Schönes freuen? Müssen wir den weltlichen Dingen nicht völlig entsagen?“ Die Antwort ist ja und nein. Im Großen Fahrzeug des Buddha, dem Mahayana, werden Freude und auch freudige Wertschätzung von Ästhetik, Kunst, Harmonie, Natur usw. durchaus als etwas Positives betrachtet. Solche, gewissermaßen gewöhnliche Freude ist wiederum eine Brücke zur wahren Freude, die mit dem Erwachen verbunden ist. Denn der Buddha war glücklich, als er die Erleuchtung verwirklicht hatte.

Aus diesem Blickwinkel wäre es unsinnig, ja geradezu brutal, die Freude in uns abzuschneiden oder abzutöten. Freude, der Sinn für Schönes, das Wertschätzen von Kunst und Ähnliches hat mit unserer Qualität der Feinfühligkeit oder Empfindsamkeit zu tun. Sie ist letztlich ein Ausdruck des Erwachens.

Wir werden im Folgenden viel von Wertschätzung und Freude sprechen. Was den Umgang mit Freude, Genuss und Vergnügen gefährlich macht, ist allein der Aspekt der Anhaftung, der Besitzgier, des Geizes und des Neids, der oft sehr schnell ins Spiel kommt. Hier gilt es, besonders aufmerksam und wachsam zu sein. Die Idee ist aber, dass wir uns über das, was es an Schönem und Angenehmem in der Welt gibt, ruhig freuen können und es genießen dürfen – aber eben möglichst ohne Gier nach mehr, ohne den Geiz, es nur für uns haben zu wollen. Natürlich ist dies nur durch intensives Üben möglich.

Viele Symbole im Alltag sind damit verbunden, dass wir das, worauf sie hinweisen, für uns und andere wünschen. Hintergrund ist die Einsicht, dass wir nicht grundlegend verschieden sind von anderen Wesen. Wir sind alle miteinander verbunden und erleben ganz ähnliche Dinge, Kummer und Schmerz ebenso wie Freude und Glück. Wir sind eine Art Beispiel oder Prototyp eines Lebewesens und brauchen daher auch nichts, was uns geschieht, einzig auf uns selbst zu beziehen. Vielmehr können wir lernen, unsere Erfahrungen als etwas zu begreifen, was wir mit allen Lebewesen gemeinsam teilen.

Gerade war von der Sonne als Symbol für Wärme und Lebenskraft die Rede. Die Sonne erwärmt uns, und wenn wir dies bemerken, ist es nur ein kleiner Schritt zu dem Wunsch, dass die Sonne uns auch innerlich erwärmen möge. Es könnte uns warm ums Herz werden, unsere Herzensqualitäten wie Liebe und Freundlichkeit könnten leichter hervorstrahlen. Wenn wir die Sonne sehen oder spüren, könnten wir also wünschen: „Möge es in mir auch warm werden.“ Oder auch: „Möge ich so viel Wärme ausstrahlen wie die Sonne.“ Als von Natur aus mitfühlende Wesen bleibt unser Wünschen aber nicht auf uns selbst beschränkt, sondern wir können es mühelos auf andere ausdehnen: „Möge diese Wärme in den Herzen aller Wesen strahlen!“ Es versteht sich von selbst, dass wir auf dem spirituellen Pfad nicht beim Wünschen stehen bleiben, sondern entsprechende Taten folgen lassen, also etwa ein freundliches Verhalten im Kontakt mit anderen pflegen. Der besondere Umgang mit dem Schönen und Angenehmen in unserem Leben wird sein, dass wir, nachdem wir es bewusst bemerkt und wertgeschätzt haben, diesen Genuss allen Wesen wünschen. Wir erfreuen uns z.B. an einer Blume und wünschen dann, dass alle Wesen eine solche Schönheit und die damit verbundene Freude erfahren mögen. Das eigene Erleben dient somit als Grundlage zu einer freudigen und liebevollen Verbindung zu allen Wesen.

Mit einem solchen guten Wunsch speisen wir positive Energie in das Netzwerk des Lebens ein. Diese Energie, und sei sie noch so gering, wird in diesem Netz schwingen und ihre Botschaft wird im Netz zu spüren sein. Wir teilen unsere Freude dadurch mit allen und sie wird im weltweiten Netz nicht nur zur „doppelten Freude", sondern zur unendlich vervielfältigten Freude. Im Buddhismus sprechen wir von „Widmen": Wir widmen das Schöne und Gute allen Lebewesen.

„Und was ist mit unangenehmen und hässlichen Dingen und Erfahrungen?" Nun, auch für den Umgang mit negativen Dingen sollen Anknüpfungspunkte aufgezeigt werden. Einer besteht darin, dass wir die konkrete unangenehme Situation dazu nutzen, das Unangenehme aus dem Netz herauszuziehen, und dass wir damit für Erleichterung und Entspannung im Gesamtnetz sorgen. Dazu später mehr.

Es lassen sich zudem nicht nur Erfahrungen wie die Schönheit einer Blume oder die Wärme der Sonne allen Wesen widmen. Wir gehen davon aus, dass Meditation und jede Hinwendung zum oder Bewegung in Richtung Erwachen etwas Positives ist, eine Art guter Schwingung oder Energie. Nun wird diese positive Energie durch das Widmen in eine bestimmte Richtung gebracht, im Sinne des Mahayana selbstverständlich in die Richtung, dass sie für alle hilfreich sein möge. Jede Meditationssitzung, jede „gute Tat", ja der gesamte Tag wird von Anhängern des Mahayana mit einer Widmung abgeschlossen. Es gibt verschiedene standardisierte Formulierungen dafür. Wir könnten es z.B. so ausdrücken: „Möge all das Positive, das durch mein/unser Üben entsteht, dazu dienen, dass alle Lebewesen höchste und vollkommene Erleuchtung verwirklichen!"

In den folgenden Kapiteln wird es Übungsmöglichkeiten dafür geben, jede Freude, alles Angenehme, alle Schönheit allen Wesen zu widmen, d.h., wir schicken es ihnen im Netz des Indra als Energieimpuls zu. Insbesondere wünschen wir den Wesen die höchste Freude, die es überhaupt gibt: Erleuchtung oder Buddhaschaft.

Eine zusätzliche Möglichkeit ist, das, was wir an Schönem wahrnehmen, den Buddhas als Gabe, als Geschenk zu widmen. Um dem häufigen Impuls von „das will ich haben/behalten" oder „das soll nur mir gehören" entgegenzuwirken, denkt man: „Dies ist eine wunderbare Gabe für alle Buddhas."

Buddhisten legen oder stellen vor Buddhastatuen, die für sie tatsächlich den Buddha verkörpern, Gaben wie Blumen, Kerzen, Räucherwerk oder auch Edelsteine, Gold oder Geld. Wenn sie sich vor dem Buddhaschrein und damit vor dem Erwachen verbeugen, ist dies im Grunde eine tiefe Verehrung, letztlich sogar eine Darbringung des eigenen Körpers und der eigenen Person. Die Idee ist, dass man bereit ist, alles wegzugeben, alles aufzugeben, um Erwachen zum Wohle aller zu verwirklichen.

Nicht, dass die Buddhas unsere Geschenke nötig hätten! Wiederum geht es darum, im globalen Netzwerk Verbindungen zu pflegen: Wir geben etwas hinein ins Netz, in diesem Fall schicken wir es den Buddhas. Damit senden wir ihnen gleichsam ein Signal, dass wir da sind und an sie denken. Wir stärken unsere Verbindung zu ihnen. Die Botschaft, die die Buddhas aussenden, kann dann leichter zu uns gelangen und wir werden diese Botschaft nach und nach immer besser verstehen.

Mit der Erleuchtung Kontakt aufnehmen

Nun wollen wir mit dem eigentlichen „Netzwerken" beginnen. Wie kann man mit der Erleuchtung Kontakt aufnehmen? Und wie kann man sich mit den Buddhas verbinden? Wiederum ist Meditation als die wichtigste Methode dafür zu nennen. Doch auch außerhalb von Meditationssitzungen gibt es viele Möglichkeiten: Wir können an die verschiedenen Buddhas und Bodhisattvas (Wesen auf dem Weg zum Erwachen) denken, an ihre jeweiligen Qualitäten und diese wertschätzen, darüber staunen und uns darüber freuen. Das mag harmlos, fast zu einfach klingen – es ist aber sehr tief gehend.

Wie aber sieht ein Buddha aus, wie sieht eine Buddha aus? Wie sehen die vielen Buddhas und Bodhisattvas aus, von denen im Mahayana die Rede ist? Müssen wir uns nun mit asiatischer Kunst und Malerei beschäftigen, um uns ein Bild vom Aussehen dieser Buddhas zu machen? Nein, das ist nicht nötig, auch wenn es durchaus inspirierend sein könnte.

Wichtiger als das Aussehen des Buddha ist die Empfindung, die Sie mit „Buddha" verbinden. Wie wäre es, einem Buddha zu begegnen? Was, wenn jetzt ein Buddha zur Tür hereinkäme? Was also ist für Sie „Buddha"? Sie könnten an den historischen Buddha Shakyamuni denken, an seine Lebensgeschichte, seine Suche nach einem Weg aus dem Leiden und an seine Lehren. Das mag Ihnen Mut machen, Ihrem eigenen spirituellen Weg weiter zu folgen, auch wenn gelegentlich Schwierigkeiten auftauchen.

Heutzutage sind Abbildungen von Buddhas an vielen Orten zu sehen. Vielleicht finden Sie ein Bild, das Sie anspricht und für Sie das ausdrückt, was Sie unter Buddha verstehen. Möglicherweise wollen Sie jedoch kein solches menschliches Bildnis verwenden. Dann ist es auch in Ordnung, an Buddha als Licht, helle Flamme oder als Sonne zu denken. Wichtig ist vor allem das Gefühl, dass Buddha etwas Positives ist, was aus den gewöhnlichen Denkmustern herausführt und uns zur Wahrheit bringt.

Eine Reihe von Übungen wird davon handeln, in welcher Weise wir an die Buddhas denken können, wie wir ihre Gegenwart erfahren und wie wir sie als Ehrengäste behandeln. So kann der Buddha, die Verkörperung des Erwachens, für Sie zugänglicher werden, anstatt eine bloße Gestalt aus der Vergangenheit oder ein abstraktes Prinzip zu bleiben. Buddha, Buddhaschaft, das Erwachen und das daraus folgende Wirken zum Wohle aller sind etwas Lebendiges, nichts Theoretisches. Mit diesem Ansatz bringen wir Buddha und Buddhaschaft gleichsam auf die Ebene der Sinne, Buddha wird erfahrbar, im Sinne einer Verbindung und Inspiration. Gleichzeitig sollte immer deutlich bleiben, dass wirkliche Buddhaschaft jenseits von gewöhnlichem Denken und Fühlen ist.

Sie können jedoch auch ganz einfach in direkten Kontakt mit Buddha kommen: durch Ihre Mitmenschen. Die Idee, das Gute, das Göttliche im Mitmenschen zu sehen, zu schätzen und zu würdigen, ist Ihnen sicherlich aus dem Christentum oder aus anderen Religionen bekannt. Sie taucht auch hier auf.

Das Potential zur Buddhaschaft, die Buddha-Natur, wirkt in allen Wesen. Alle Ihre Mitmenschen, und Sie selbst natürlich auch, sind somit im Grunde Buddhas! Im Mahayana übt man sich darin, dies tatsächlich so zu sehen. Das ist nicht immer leicht. Wir beginnen einfach dort, wo es nicht so schwierig ist, z.B. in der Familie oder bei Freunden. Erst im Laufe einer langen Zeit des Übens mag es uns gelingen, auch Menschen, mit denen wir Konflikte haben, als Buddhas zu sehen.

Weiterhin drücken sich das Erwachen und seine Botschaft auch in unserer Umwelt aus. Beispielsweise wird der wolkenlose blaue Himmel mit der weiten, uranfänglich reinen Natur unseres Geistes in Zusammenhang gebracht. Siehe dazu besonders Kapitel 12 „In und mit der Natur“.

Keine Arbeitsanleitung

Die nachfolgenden Kapitel beschreiben einen Tagesablauf, wie Sie oder ich ihn erleben könnten. Es werden zahlreiche Anknüpfungspunkte erwähnt, mittels derer Sie Elemente Ihres vermeintlich gewöhnlichen Alltags mit der Welt des Erwachens verbinden können.

Eine Kurzanleitung, in der die wichtigsten Punkte jeweils zusammengefasst sind, schließt jedes Kapitel ab. Bitte verwenden Sie weder die einzelnen Kapitel noch die Kurzanleitungen als eine Art Katalog, den es abzuarbeiten gilt. Die hier aufgezeigte Fülle von Anknüpfungspunkten und Details ist nicht so gemeint, dass Sie sich nun krampfhaft bemühen sollten, jeden einzelnen Handgriff, jeden Schritt, jede Bewegung Ihres Alltags mit einer tiefen Bedeutung zu füllen. Im Vordergrund steht hier die Inspiration, ein inneres Verbinden und Spüren. Sie dürfen ruhig entspannt und gelassen bleiben und spielerisch vorgehen. Mein Wunsch ist, dass Ihnen die Lektüre dieses Buch Freude macht und Sie anregt, in Ihrem Leben tiefere Dimensionen zu entdecken.

Vielleicht inspirieren Sie die in den Kapiteln erwähnten Details zu weiteren Ideen, wie Sie Elemente Ihrer täglichen Routine mit Aspekten der Erleuchtung verknüpfen könnten. Wunderbar, das ist Ausdruck Ihrer Kreativität! Wichtig ist auch hier, dass Sie sich nicht überfordern oder überladen. Bei allem Tiefsinn sollte eine gewisse Leichtigkeit und Freude nicht verloren gehen.

Außerdem möchte ich Ihnen den Rat geben, sich für die Lektüre dieses Buch Zeit zu nehmen und nach jedem Kapitel eine Pause einzulegen. Dies trägt dazu bei, dass die vielen Anregungen und aufgezeigten Verknüpfungen eine Weile in Ihnen nachwirken und nachschwingen können. Falls Sie mehr über den buddhistischen Hintergrund dieses Buches erfahren möchten, finden Sie dazu im Anhang unter „Buddhistische Grundlagen" weitere Details.

Und nun viel Freude und Inspiration
im Netzwerk des Erwachens!

I

Aufwachen und den Morgen begrüßen

Aufwachen! Der Wecker klingelt. Sie werden herausgerissen aus Schlaf und Traum, aus der warmen Behaglichkeit unter Ihrer Bettdecke. Eine Herausforderung wartet auf Sie: der Tag mit all seinen Ansprüchen an Sie, mit Pflichten und Verantwortlichkeiten, vielleicht auch mit der Aussicht auf freudvolle Momente.

Um Aufwachen oder Erwachen geht es auch in der Lehre des Buddha. Denn „Buddha" heißt wörtlich „erwacht" und bezeichnet damit eher einen Zustand als eine konkrete Person, einen Zustand, der für alle Wesen erreichbar ist. Denn das Besondere an der buddhistischen Botschaft ist nun, dass wir alle, auch Sie, zu Erwachten im spirituellen Sinne – zu Buddhas – werden können. Somit nutzen wir unser allmorgendliches Aufwachen als Anknüpfungspunkt, um uns an das wirkliche Erwachen, an die Buddhaschaft zu erinnern.

Beim morgendlichen Aufwachen können Sie – sobald es Ihnen möglich ist, einen klaren Gedanken zu fassen – also denken: „Möge ich *wirklich* aufwachen." Oder: „Möge ich ein Erwachter oder eine Erwachte werden und für alle Wesen von Nutzen sein."

Das Bild vom Schlaf und vom Traum wird in den buddhistischen Lehren oft herangezogen. Unser Leben, das uns völlig real, enorm wichtig und ernst erscheint, wird mit einem Traum verglichen. Und so wie wir jeden Morgen aufwachen und die Träume der Nacht hinter uns lassen, die dann verblassen und verschwinden, können wir zur eigentlichen Wirklichkeit oder Wahrheit erwachen und unsererseits „Buddha" werden. Das, was im Moment real erscheint, wird dann als bloßer Traum durchschaut.

Aus welchem Traum, aus welchem Schlaf sollen wir nun erwachen, und in welchen Wachzustand hinein? Es ist der Schlaf der Unwissenheit, in dem wir uns die meiste Zeit unseres Lebens befinden. Wir halten unsere Umwelt für etwas völlig von uns Getrenntes und versuchen, aus ihr das Bestmögliche zu machen. Unser ganzes Streben kreist ständig um den verzweifelten Versuch, glückliche und zufriedene Momente und Zustände zu erreichen und Unangenehmes von uns fernzuhalten. Dies kann immer nur teilweise gelingen, oft führt es zu Frustration, Ärger oder Depression. Aufwachen bedeutet, die Unsinnigkeit dieses Strebens zu erkennen, es loszulassen und sich stattdessen zu öffnen für die tiefe Wahrheit des Seins, wie sie sich in uns und um uns herum zeigt.

Schlaf und Traum stehen im spirituellen Zusammenhang somit allgemein für eine Haltung des Ignorierens, des Weg-Träumens, des Nicht-wissen-Wollens, des Nicht-bewusst-Seins. Dagegen geht es auf dem buddhistischen Weg um Wachsein, Klarheit, Aufmerksamkeit, bewusstes Leben. Wenn wir am Morgen aufwachen oder geweckt werden, können wir uns mit diesen Zusammenhängen verbinden.

Doch auch während des Tages träumen wir zuweilen, schlafen wir sozusagen mit offenen Augen, sind nicht bei der Sache. Jedes

Mal, wenn wir dies bemerken, ist es wie ein kleines Aufwachen. Auch dieses kleine Erwachen während des Tages können Sie mit dem großen Erwachen zur Wirklichkeit verknüpfen, mit dem Gedanken: „Möge ich *wirklich* wach sein."

Die Augen öffnen

Passiert es Ihnen gelegentlich, dass Sie beim Aufwachen für einen Moment nicht wissen, wo Sie sind? Meist versuchen wir, diese Art von Desorientiertheit möglichst schnell zu beenden, indem wir den Lichtschalter suchen oder um uns tasten und uns daran erinnern, welcher Tag heute ist und warum wir dort sind, wo wir uns gerade befinden. Wir öffnen die Augen, wir sehen, wir blicken aufmerksam um uns herum: Was ist los?

In vielen Legenden steht das Wiedererlangen des Augenlichts für das Erlangen von Weisheit: Man wird wahrhaft sehend. Es gibt heilige Quellen, zu denen Menschen gehen, um durch das Waschen ihrer blinden oder kranken Augen Heilung und Genesung zu erfahren. Hintergrund ist meist, dass es eigentlich um ein Öffnen der Wahrheitsaugen geht. Die Menschen werden dann im spirituellen Sinne zu „Sehern". Wir sprechen auch von Scheuklappen, wenn jemand nur das sieht, was vor ihm liegt, und nicht nach rechts und links blickt, und von Schuppen, die von den Augen fallen können, wenn man einen zuvor verborgenen Zusammenhang plötzlich versteht. Sehen ist somit mehr als die reine optische Sinneswahrnehmung. Daran können Sie denken, wenn Sie morgens Ihre Augen öffnen oder, falls Sie eine Brille oder Kontaktlinsen tragen, diese morgens auf- oder einsetzen: „Möge ich wahrhaft sehend werden. Möge ich das eigentliche und tiefe Wesen der Dinge erkennen."

Das Licht der Klarheit

Wenn es noch dunkel ist, schalten Sie das Licht an oder öffnen die Vorhänge bzw. ziehen die Jalousien hoch. Der Morgen und das Aufwachen – und das Sehen – sind mit Licht verbunden. Licht und Helligkeit stehen in allen spirituellen Traditionen für Einsicht, geistige Klarheit und Erkenntnis, für „Er-Leuchtung". Damit bieten sich hier folgende Anknüpfungspunkte an: Wenn Sie morgens das Licht einschalten oder das Licht in Ihr Zimmer lassen, indem Sie Vorhänge oder Rollläden öffnen, können Sie das mit dem Gedanken tun: „Möge Licht in mein Leben kommen", „Möge das Licht der Weisheit in mir aufscheinen." Oder auch: „Mögen alle Wesen zum Licht der Wahrheit und Weisheit gelangen."

Im buddhistischen Kontext spricht man von Schleiern der Unwissenheit, die unsere an sich reine und klare Sicht behindern. Falls Sie Vorhänge haben und diese morgens beiseiteschieben, können Sie sich diese als die geistigen Schleier vorstellen, die nun entfernt werden, so dass sich Ihnen die Wirklichkeit offenbart. Entsprechend dieser Symbolik lässt sich beim Wegschieben der Vorhänge wünschen: „Mögen sich die Schleier der Unwissenheit auflösen." Das Gleiche können Sie wiederum für alle Wesen wünschen: „Mögen für alle Wesen die Schleier der Unwissenheit beiseite gezogen werden, so dass sich ihr wahres Buddha-Sein offenbart."

Eine solche Symbolik sollte man aber nicht übertreiben. Sie dürfen Ihre Vorhänge trotzdem weiterhin schön finden. Sie brauchen Ihre Rollos auch nicht mit Aggression hochziehen. Es geht nur um diesen einen Moment des Wegschiebens von dem, was verdunkelt und den Blick verstellt. Dieser Augenblick kann innerlich verbunden werden mit dem Akt der Entfernung der geistigen Schleier. Sind die Schleier entfernt, ist nichts weiter zu tun. Die Sonne scheint dann einfach zum Fenster hinein. Im übertragenen Sinn bedeutet das, dass Verstehen und Einsicht spontan auftreten können, sobald die entsprechenden Hindernisse entfernt worden sind.

Im buddhistischen Kontext wird häufig das Bild von der Sonne herangezogen, deren helle Strahlen der Klarheit oder Weisheit die Dunkelheit der Unwissenheit vertreiben. Wenn das Sonnenlicht also morgens in Ihr Zimmer scheint, kann für Sie eben dies geschehen.

Die Frische des Morgens und jedes Augenblicks

Der Morgen hat eine ganz besondere Qualität: Noch ist alles frisch und neu, irgendwie unberührt und verheißungsvoll. Möglicherweise sind Tautropfen auf der Wiese, die Luft ist wohltuend frisch und kühl. Der Tag liegt vor uns, wir können neu beginnen. Mit frischem Mut können wir uns an neue Aufgaben wagen bzw. bereits Begonnenes mit Elan und Inspiration weiterführen.

Vermutlich öffnen Sie Ihr Fenster am Morgen, um frische Luft hereinzulassen. Die Frische und Kühle des Morgens steht besonders im Dzogchen für die Frische jedes Augenblicks. Kein Moment ist wie der nächste. Niemals passiert zwei Mal das Gleiche, jeder Augenblick ist einzigartig. Er taucht auf, verweilt und vergeht wieder. Im Grunde trägt jeder Moment und jeder Atemzug diese Frische und Neuartigkeit in sich. Die frische Luft, die da am Morgen durch Ihr Fenster strömt, kann Sie erinnern: Ständig beginnt etwas Neues. Alles, was auftaucht, ist immer einzigartig, neu und frisch. Somit können Sie sich mit dem Gefühl verbinden, etwas Frisches und Neues in Ihr Leben zu lassen, wenn Sie das Fenster öffnen. Heißen Sie diese Frische willkommen und erfreuen Sie sich an ihr! Dabei hilft vielleicht ein Satz wie: „Wie gut, dass es diese Frische gibt." Oder auch: „Danke für die frische Luft".

Den gleichen Gedanken könnten Sie pflegen, wenn Sie tagsüber gelegentlich die Fenster öffnen, um zu lüften: „Ich heiße die Frische jedes Augenblicks willkommen." Oder: „Mögen alle Wesen die Einzigartigkeit jedes Moments erkennen."

Die Welt begrüßen

Das Öffnen des Fensters oder der Balkontür ist auch ein Öffnen unserer selbst für unsere Umgebung. Wir lassen nicht nur Licht und frische Luft herein, sondern auch Geräusche und Gerüche. Wir spüren die Außentemperatur, wir sehen vielleicht, wie im Haus gegenüber ebenfalls die Lichter angeschaltet werden oder ein Nachbar sich schon auf den Weg zur Arbeit macht. Das Willkommenheißen der frischen Luft und des neuen Tages kann somit auch ausgedehnt werden auf eine Begrüßung der ganzen Welt. Es ist, als sagten wir: „Guten Morgen, liebe Welt." Zumindest ist es eine Anerkennung: „Aha, da ist die Welt. Da sind die anderen. Ich bin nicht allein auf einer Insel." Und im Sinne des Mahayana empfiehlt sich hier ein Wunsch nach dem Muster: „Mögen wir uns in Freundlichkeit begegnen." Oder: „Mögen alle meine Schritte zum Wohle aller sein." Sie könnten dabei Ihre Arme ausstrecken, so als wollten Sie die Welt umarmen. Wiederum ist es heilsam, die guten Wünsche auf alle Wesen auszudehnen, etwa: „Mögen alle Wesen dieser Erde glücklich sein."

Vorhang auf

Beim Öffnen des Vorhangs ergibt sich noch eine weitere Assoziation: „Vorhang auf – die Vorstellung kann beginnen." So wie wir uns im Laufe des Tages gelegentlich daran erinnern könnten, dass das Leben möglicherweise nur ein Traum ist, lässt sich der Alltag auch mit einem Theaterstück vergleichen. Komödien, Tragödien, Volkstheater, Pantomime, Possenspiel, absurdes Theater – alles ist dabei. Manchmal fühlen wir uns als Zuschauer, zu anderen Zeiten als Regisseur oder Schauspielerin.

Wir spielen verschiedene Rollen je nach Umfeld: in der Familie, am Arbeitsplatz, im Sportverein, im Freundeskreis. In manchen Kreisen gelten wir als ruhig und besonnen, in anderen zeigen wir vielleicht eine ganz andere Seite von uns, die eher impulsiv und energisch ist. Wenn etwas Unvorhergesehenes passiert, fühlen wir uns orientierungslos und haben den Eindruck, im „falschen Film“ zu sein.

Gegen das Spielerische am Theater und auch am Rollenspiel ist nichts einzuwenden, Letzteres wird nur meist all zu ernst genommen. Wir identifizieren uns voll und ganz mit unserer jeweiligen Rolle und handeln wie eine Schauspielerin, die sich nach den Dreharbeiten starrsinnig und hartnäckig immer weiter mit der von ihr dargestellten Filmfigur identifiziert.

Das Leben als Theater zu begreifen bedeutet somit, dass Sie sich nicht in Ihre jeweilige Rolle verbeißen und auch einmal über sich selbst lachen. Humor ist wichtig. Auch wenn Sie das Gefühl haben sollten, in Ihrem Leben nichts oder nur wenig zu lachen zu haben, versuchen Sie doch einmal, das Absurde in manchen Situationen zu sehen. Schütteln Sie den Kopf, zucken Sie mit den Achseln. Lächeln Sie. Es lässt sich einfach nicht alles mit Logik, Sinn und Zweck oder Effizienz regeln.

Wir sollten neugierig und offen sein, welche Kulisse das Leben an diesem Tag für uns aufbauen wird, welches Bühnenstück auf dem Programm steht, welche Rollen verteilt und wie wir sie wohl ausfüllen werden. Ein Schuss Leichtigkeit, Humor und Freude am Spiel würde uns allen sicher gut tun. Mit diesem Gefühl von Vorfreude, Spannung und Leichtigkeit können Sie am Morgen den Vorhang Ihres Tagestheaters öffnen.

Was ist zu tun?

Wie sieht Ihre morgendliche Routine aus? Bleiben Sie noch einen Moment im Bett liegen, nachdem der Wecker geklingelt hat, oder springen Sie sofort aus den Federn? Haben Sie sich am Vorabend eine To-do-Liste erstellt über Ihre Aufgaben an diesem Arbeitstag? Viele Menschen überlegen sich auf der Toilette, beim Duschen oder beim Frühstück: „Was ist heute zu erledigen? Worauf muss ich heute achten, woran muss ich denken?“ Bevor Sie sich in tausend Einzelheiten verlieren, ist es gut, sich ein wenig zu sammeln und zu fokussieren.

Denn auch im tieferen Sinne gibt es eine solche To-do-Liste, die im Grunde jeden Tag die gleiche ist – mit Variationen zum Thema. Im spirituellen Sinne ist der Zweck des Tages, uns zu erinnern, dass wir und alle anderen Wesen Erwachen erlangen können, dass wir uns öffnen für die anderen, ihnen freundlich begegnen.

Der Morgen eignet sich somit besonders für einen Moment der Ausrichtung. Sie sammeln Ihre Kräfte und stellen sich selbst Fragen wie: „Was will ich heute tun? Worum will ich mich heute kümmern? Mit welcher inneren Einstellung möchte ich in den Tag gehen? Worum geht es eigentlich in meinem Leben?" Sich auf die wirklichen Werte, auf Ihren Herzenswunsch zu fokussieren, dauert nicht lange. Einige Minuten reichen. Wenn Sie aber mehr Zeit zur Verfügung haben, könnten Sie dieses Fokussieren auch mit einem kleinen Ritual verbinden.

Dafür ist es gut, einen Platz zu haben in Ihrer Wohnung oder in Ihrem Zimmer, wo Sie etwas aufstellen, was für Sie diese innere Ausrichtung symbolisiert. Für Buddhisten ist das eine Buddhastatue oder ein Buddhabildnis. Es könnte aber auch eine Ansichtskarte von einem Bergpanorama sein, das Weite oder Erhabenheit ausdrückt, oder eine Vase mit einer Blume, die für Sie persönlich Schönheit und Berührtsein vermittelt. Das Anzünden einer Kerze kann die Feierlichkeit des Augenblicks verstärken. Verweilen Sie einige Momente vor dem Symbol Ihrer Wahl und lassen Sie es einfach auf sich wirken. Sie könnten das Gefühl bekommen, dass die Qualität, auf die Sie sich fokussiert haben, z.B. Güte, Schönheit, Weite, Tiefe, Sie nun durch Ihren Tag begleiten wird.

Manchmal taucht spontan ein Vorsatz auf, den man irgendwie formulieren möchte, z.B. „Ich möchte heute genauer zuhören, was meine Kollegen sagen." oder „Möge ich das Positive in den Menschen wahrnehmen, mit denen ich gerade einen Konflikt habe." Es geht dabei nicht darum, sich selbst ein schlechtes Gewissen zu machen oder sich unter Druck zu setzen. Eine Ausrichtung auf das wirklich Wichtige in Ihrem Leben wird solche positiven Impulse für mehr Freundlichkeit von alleine nach sich ziehen. Und mit solchen Impulsen können Sie dann einfach mitgehen und sich von ihnen tragen lassen.

Für Morgenmuffel

Vielleicht ist für Sie das Aufstehen eher eine Qual und der Morgen eine einzige Herausforderung, der Sie nur mit einer großen Tasse Kaffee bewaffnet begegnen können. Seien Sie in diesem Fall besonders gnädig mit sich selbst, aber vergessen Sie auch hier nicht den Humor. Erinnern Sie sich gelegentlich daran, dass Sie nicht der einzige Mensch auf der Welt sind, der jetzt lieber noch weiterschlafen würde. Lächeln Sie ein wenig über Ihr eigenes Gegrummel und lassen Sie sich auf den neuen Tag ein.

Anknüpfungspunkte für das morgendliche Aufwachen

Situation	Symbol oder Wunsch
Aufwachen	Symbol für spirituelles Erwachen zur Realität des Seins, für Buddhaschaft. Denken Sie: „Möge ich zu meinem wahren Sein aufwachen." Oder: „Mögen alle Wesen zu ihrem wahren Sein, zur Buddhaschaft aufwachen."
Sie ziehen den Vorhang auf oder die Jalousien hoch.	Symbol für die Entfernung geistig-emotionaler Schleier: „Mögen sich die Schleier und Verdunkelungen aller Wesen auflösen."
Vorhang auf	Das Theaterspiel des Tages beginnt. Die Rollen mit Humor spielen.
Öffnen des Fensters	Begrüßung der Frische jedes Augenblicks. Sie öffnen sich für die Welt.
To-do-Liste	Fokus: „Was ist wirklich wichtig in meinem Leben?" „Worauf will ich heute im Umgang mit anderen besonders achten?"

2

Das Wasser des Lebens

Zu Ihrer morgendlichen Routine wird sicherlich gehören, dass Sie den Wasserhahn aufdrehen, sei es unter der Dusche oder um sich Kaffee oder Tee zuzubereiten. Ein paar Spritzer kaltes Wasser kommen bestimmt morgens in Ihr Gesicht und beleben Sie. Das heißt, hier haben wir es wiederum mit Aspekten zu tun, die uns an Klarheit und Wachheit erinnern können, aber vor allem an das Leben selbst.

Frische und Klarheit

Wie im ersten Kapitel besprochen, steht die Kühle des frühen Morgens für das Frische und Neue jedes Moments, für die Einzigartigkeit des Erlebens und auch der Erleuchtung. Im Geist wie im Herzen klar und wach zu sein, ist nicht nur im Alltag, im Beruf und insgesamt im Umgang mit anderen wichtig, sondern ist auch Voraussetzung für ein Erwachen im tieferen Sinn. Damit ist unsere erste Verbindung des Wassers mit dem Netz der Erleuchtung gegeben: Wenn Sie sich morgens das Gesicht mit kaltem Wasser waschen oder vielleicht sogar kalt duschen und dabei die Frische und Kühle spüren, können Sie denken: „Möge ich ganz wach werden und zum Wohle aller wirken können." Oder auch: „Mögen alle Wesen vollständiges Erwachen verwirklichen."

Erwachen hat sozusagen den Geschmack von Frische, Kühle und Klarheit. Wenn Sie ein Glas kaltes Wasser trinken und die Frische genießen und schmecken, können Sie an den Geschmack von Klarheit denken, der mit dem Erwachen verbunden ist.

Das kostbare Nass

In welcher Weise ist Wasser für Sie persönlich etwas Besonderes? Ist es das Glas Wasser, das Sie nach körperlicher Anstrengung oder im heißen Sommer in einem Zug leeren und wobei Sie fast verzückt sind, dass es etwas so Klares und Einfaches gibt, das den Durst löscht und erfrischt? Oder sind Sie besonders dankbar für warmes Wasser, für das tröstende, heiße Bad oder die Wärmflasche für Ihre kalten Füße oder den verspannten Rücken?

Unser Planet ist zu 70 % mit Wasser bedeckt, der erwachsene Mensch besteht zu etwa 75 % aus Wasser. Ärzte raten uns, täglich mindestens 1,5 Liter Wasser zu trinken. Ohne sauberes Trinkwasser gibt es langfristig keine gesunden Menschen, keine gesunde Gesellschaft, keine Kultur. Wasser ist für uns, neben der Luft zum Atmen, das wichtigste „Überlebensmittel".

Im Grimmschen Märchen braucht der kranke König ein bestimmtes Wasser, um wieder zu Kräften zu kommen: das Wasser des Lebens. Sein jüngster Sohn bringt es ihm. Ein Heilwasser wird es wohl gewesen sein, aus einer ganz besonderen Quelle, vom richtigen Menschen geholt und überreicht. Das ist uns nicht fremd. Viele Menschen schwören auf heilige Quellen oder Heilwässer aus bestimmten Gegenden. Wasserkuren, Kneippanwendungen, der kalte Wadenwickel bei Fieber – das alles ist uns bekannt. Wir sprechen auch davon, dass jemand mit allen Wassern gewaschen ist, wenn er viel erlebt hat und sich in jeder Situation zurechtfindet.

Gerade weil das Wasser so grundlegend für alles Leben und jede Kultur ist, finden sich entsprechende religiöse Bezüge überall. Auf Wasser als reinigendes Element im übertragenen Sinne, also als Reinigung von Sünden oder weltlichen Belangen, treffen wir in der christlichen Taufe, im jüdischen Badehaus der Mikwe oder in der Brunnenanlage vor der Moschee. Für die Hindus hat das Wasser des Ganges heilende, ja sogar erlösende Kraft. So verwundert es nicht, dass wir auch im Buddhismus das Wasser in vielfältiger Symbolik vorfinden.

Aufmerksamkeit und Wertschätzung

Die oben angesprochenen Zusammenhänge könnten Ihre eigene Wertschätzung des Wassers vertiefen und verstärken. Eine solche Aufmerksamkeit, Wertschätzung und Dankbarkeit gegenüber dem Wasser ist in sich schon positiv. Ohne zu moralisieren, ohne ein schlechtes Gewissen haben zu müssen, können wir uns einfach freuen, dass wir hierzulande (noch) jederzeit Zugang zu Trinkwasser haben. Dies zu schätzen bedeutet eine Hinwendung zu unserer Umgebung, eine aufmerksame und freundliche Haltung, die sich allmählich auch auf andere Bereiche des Lebens ausweiten wird. Vielleicht werden wir z.B. hellhöriger und sensibler, was den Umgang unserer Heimatgemeinde mit dem öffentlichen Wassersystem betrifft …

Das Wasser des Lebens anbieten

Wenn Sie Besuch bekommen, fragen Sie Ihren Gast meist, ob er etwas trinken möchte. Dies drückt wiederum die zentrale Bedeutung des Wassers aus, auch wenn Sie den Gästen vielleicht eher

Kaffee oder ein alkoholisches Getränk servieren. Dieser Brauch spiegelt u.a. das Grundbedürfnis des Menschen wider, genug Flüssigkeit zu sich zu nehmen. Schon allein in diesem Sinne ist Wasser hier das Wasser des Lebens.

Fortgeschrittene Übende könnten während des gesamten Besuches der Gäste die Haltung einnehmen, dass sie in ihren Gästen tatsächlich Buddhas bedienen (siehe Kapitel 9 „Geben und Empfangen). Es empfiehlt sich aber, mit kleineren Schritten zu beginnen. Wenn Sie diese Anleitung anspricht, könnten Sie also, sobald Sie Ihrem Gast ein Getränk überreichen, denken oder auch laut sagen: „Möge dir dieses Getränk zu einem langen und gesunden Leben verhelfen." Diese Idee ist uns ja nicht fremd. In geselliger Runde prosten wir uns zu, stoßen unsere Gläser an, trinken auf die Gesundheit und das Wohlergehen anderer. Um so zu denken, braucht man allerdings nicht unbedingt alkoholische Getränke. Es geht genauso gut mit Tee, Limonade oder eben reinem Wasser.

Sie könnten Ihrem Besuch das Glas oder die Tasse auch reichen mit dem Gedanken: „Mögest du in all deinen Leben stets genug zu trinken haben" bzw. „Mögen alle Wesen genug zu trinken bekommen." Niemand hält Sie davon ab, solchen Wünschen auch Taten folgen zu lassen und beispielsweise ein Brunnenbauprojekt in einem wasserarmen Land zu unterstützen.

Wer möchte, kann noch einen Schritt weiter gehen. Im Mahayana üben wir, uns selbst immer vorbehaltloser in den Dienst anderer zu stellen. Wenn Sie einem Gast Wasser anbieten, können Sie dies auch mit dem Wunsch verbinden: „Möge ich Wasser für andere sein und sie damit am Leben erhalten."

Das Reinigende

Hier ist nicht nur das Wasser zum Spülen oder Putzen gemeint, mit dem Sie Töpfe reinigen bzw. den Fußboden wischen. Weiter oben wurde bereits erwähnt, wie Wasser in verschiedenen Religionen im übertragenen Sinn als reinigend verstanden wird, also etwa bei der Waschung vor dem Gebet. Wasser wäscht somit im moralischen oder weltlichen Sinne Schlechtes und Unreines weg. Möglicherweise läuten an dieser Stelle bei Ihnen alle Alarmglocken und unangenehme Erinnerungen oder Assoziationen steigen in Ihnen auf. Vielleicht möchten Sie nichts hören und lesen von Schuld und Sühne, von Sünden und Vergebung. Tatsächlich ist es ratsam, da genau hinzusehen und nachzufragen: Wovon sollen wir uns eigentlich reinigen? Und kann ganz normales Wasser das tatsächlich tun?

Zur Zeit des Buddha war das rituelle Baden bei den Anhängern des Brahmanismus sehr verbreitet. Angehörige der oberen Gesellschaftsschicht, der Brahmanen, mussten sich, um religiöses Heil zu erlangen, mehrmals täglich baden. Der Buddha machte aber deutlich, dass ein bloßes mechanisches Ausführen solcher Rituale keinerlei Wirkung hat. Andererseits findet sich auch später im Buddhismus die Idee, innere Reinigung mit einem äußeren Vorgang des Waschens zu verbinden: Vor bestimmten Zeremonien wäscht man sich, vor dem Eintritt in den heiligen Bezirk spült man den Mund aus etc.

Wie wir schon gesehen haben, ist die Anschauung des Mahayana-Buddhismus, dass der Mensch in sich Buddha-Natur trägt, seinem innersten Wesen nach also bereits Buddha ist, zumindest als Potential. Manche buddhistische Richtungen gehen so weit zu sagen, dass wir sogar voll entwickelte Buddhas sind, dies aber nicht wahrhaben wollen und es daher einfach ignorieren.

Was gibt es dann aber noch zu reinigen? Der Mensch ist nach diesem Weltbild nicht von Grund auf böse und voller Schuld, sondern nur vorübergehend geblendet und verwirrt. Er stellt sich sozusagen recht dumm und ungeschickt an. Allerdings erwachsen aus dieser Verwirrung viele Gewohnheiten im Denken, Fühlen und Handeln, die sowohl für uns selbst als auch für andere schädlich sind. Beispielsweise werden wir wütend, weil wir uns einbilden, jemand hätte uns ausgelacht oder führe etwas gegen uns im Schilde. Wird unsere Täuschung offenbar, spüren wir die Unsinnigkeit all der Gedanken, Gefühle und harschen Worte, die wir in unserer verblendeten Wut hervorgebracht haben. Wir merken, dass das Ganze eine unsinnige, ja fast wahnsinnige Komponente hat und letztlich völlig unnötige Energie- und Zeitverschwendung war.

Gemäß der buddhistischen Lehre ist unsere gesamte Existenz eine Art optische Täuschung. Wir nehmen Dinge als selbstverständlich und real hin, die in Wirklichkeit nur Hirngespinste sind. Wir befinden uns in einem Irrtum gefangen, den wir selbst aufgebaut haben.

Beim Waschen, Duschen oder Baden können Sie sich vorstellen, dass das Wasser diese Irrtümer in Ihrem Denken und Fühlen wegspült. Somit wird das, was Sie davon abhält, in sich selbst und in anderen Buddha zu sehen, entfernt. Die äußere Reinigung wird verbunden mit der Reinigung von jenen negativen Gewohnheiten, die zwar nicht zu unserem eigentlichen Sein gehören, aber dennoch wie Teer hartnäckig an uns kleben und schwer loszuwerden sind.

„Warum sind wir dann nicht nach unserer ersten Dusche erleuchtet?", wenden Sie vielleicht ein. Nun, man geht hier davon aus, dass diese Täuschungen und Irrtümer schon seit sehr langen Zeiten bestehen. Mit diesem ständigen Reinigen weichen wir sie zunächst auf und gemäß dem Motto „Steter Tropfen höhlt den Stein" wird sich allmählich eine Wirkung zeigen …

Wiederum lässt sich dieser Wunsch des Reinigens auf alle Wesen ausdehnen. Wenn Sie duschen, könnten Sie sich vorstellen, dass die Hindernisse aller Wesen für das Erwachen weggespült werden.

Es können noch weitere Elemente der morgendlichen Hygiene mit buddhistischen Inhalten verknüpft werden. Viele Männer rasieren sich am Morgen. Hier gibt es aus dem japanischen Buddhismus die Anregung, dabei zu denken, dass Ihre Rasierklinge für die Qualität der Klarheit steht, die das erste Auftauchen negativer Gedanken (hier: Ihre Bartstoppeln) entfernt. Somit können Sie ohne Negativität in Ihren neuen Tag treten. Der Wohlgeruch des Rasierwassers kann als Gabe an die Buddhas betrachtet werden. Dies gilt auch für den angenehmen Duft von Deos, Parfüms, Cremes oder anderen Schönheitsprodukten für Frauen und Männer.

Das Angenehme und Luxuriöse

Zu unserem großen Glück verfügen wir über ausreichende Mengen an Wasser, so dass wir es uns leisten können, es nicht nur für das reine Überleben zu nutzen, sondern auch zum Entspannen, Erwärmen und Genießen: Ein heißes Bad, eine warme Dusche oder eine Wärmflasche helfen uns dabei, verkrampfte Muskeln zu lockern, Verspannungen zu lösen und uns einfach wohlzufühlen. Die angenehmen Empfindungen, die etwa bei einem entspannenden Bad entstehen, werden Sie sicherlich genießen. Vielleicht kommt der Wunsch auf: „Mögen alle Lebewesen solche Entspannung und solches Wohlgefühl erleben." Anschließend lässt sich das Wohlsein als Gabe an die Buddhas verschenken.

Das Heilende und Segnende

Von Quell- und Heilwasser war bereits die Rede. Heilen und Nähren sind lebenswichtige Vorgänge, die mit Wasser in Zusammenhang stehen. Im Buddhismus geht es darum, insgesamt das Heilsame oder Gute in uns zu fördern bzw. zum Vorschein treten zu lassen. Beim Trinken eines besonderen Quellwassers könnte in Ihnen daher der Wunsch aufkommen: „Möge dieses Wasser mich in tiefer Weise heilen, so dass ich für alle Lebewesen von Nutzen sein kann." Oder auch: „Mögen alle Wesen von ihren inneren Schwierigkeiten geheilt werden."

Dass Wasser durch Segnung oder Weihung eine besondere Kraft bekommt, ist Ihnen sicherlich aus dem Christentum, etwa in Gestalt des Weihwassers oder des Osterwassers, bekannt. Vielleicht empfinden Sie Vorbehalte gegen solche, im Grunde magischen Vorgänge des Segnens und der Weihe. Das ist natürlich Ihr gutes Recht.

Es sei allerdings darauf hingewiesen, dass es auch im Buddhismus entsprechende Rituale gibt, in denen gewöhnliches Wasser mit bestimmten positiven, „erleuchteten" Qualitäten gleichsam aufgeladen und bei Segnungen und Einweihungen eingesetzt wird.

Leben aus dem Wasser

Nicht nur die Naturwissenschaft ist zu dem Schluss gekommen, dass das Leben im Wasser entstand. In den Schöpfungsmythen vieler Kulturen spielt das Wasser, oft das Meer, eine zentrale Rolle. In vielen Ländern werden bestimmte Quellen, Flüsse und Seen als heilig angesehen, auch heute noch. In der keltischen und germanischen Religion galten Quellen ebenfalls als heilige Orte. Wir hören auch in unseren modernen Zeiten von spontanen Krankenheilungen durch Quellwasser, z.B. in Lourdes. Flüsse gelten in vielen Religionen als Sitz der Götter bzw. werden mit Gott oder einer Göttin gleichgesetzt. So ist für Hindus der Fluss Ganges mit der Göttin Ganga identisch. Sarasvati, die Göttin der Beredsamkeit, „des Redeflusses“, ist ebenfalls im gleichnamigen legendären Fluss verkörpert.

Flüsse als lebendig zu erspüren und nicht als bloße Fahrstraßen für Schiffe zu betrachten, ist heutzutage nicht mehr einfach, aber nicht unmöglich. Viele Menschen halten sich gern an Gewässern auf. Wir gehen am Fluss spazieren, sitzen am See und lassen uns von der Fläche des Wassers beruhigen oder wir fahren ans Meer und genießen die frische Brise und die Wellen. Das mag uns an unsere eigene wässrige Natur erinnern. Wiederum kann dies ein Anlass sein für Wertschätzung. Denn ohne dieses Wasser würde es uns nicht geben. Wir nehmen es auf, wir sind (zum großen Teil) daraus gemacht, wir scheiden es wieder aus. Es fließt also durch uns hindurch. Wir sind ein ganz konkreter körperlicher Teil seines Fließens, wir sind ein Teil des Flusses, an dem wir gerade spazieren gehen. Uns gelegentlich daran zu erinnern, kann das Gefühl der Verbundenheit zu diesem Gewässer und dem Leben insgesamt stärken. Erwachen im Sinne des Mahayana führt zu eben diesem Gespür der tiefen Verbundenheit mit allem, was lebt.

Wasser als Elementarkraft

Als Element begegnet uns Wasser in vielfältiger Form: als Tautropfen auf Grashalmen, die in der Sonne wie Diamanten blitzen und glitzern, als Nieseln und nebliger Dampf wie in einer alten Waschküche, als schwerer, rauschender Regen, als glucksender Gebirgsbach, der bald lieblich dahinplätschert, bald wild und ungestüm über die Ufer tritt, Geröll und Schlamm mit sich reißt und schließlich als langsam aber mit verhaltener Kraft dahinfließender Strom, als gewaltige Wassermasse hinter einem Damm, als Wellen und Meerschaum des Ozeans.

Jedes Tal, jede Schlucht, jede Höhle und jeder Kieselstein bezeugt die enorme Kraft des Wasserelements. Angesichts solcher Elementarkräfte fühlen wir uns als Menschen oft sehr winzig und unbedeutend. Doch besonders das Mahayana betont, dass unsere eigenen Buddhakräfte und -qualitäten den Kräften der Elemente an nichts nachstehen. (Weitere Hinweise zu den Elementen finden sich im Anhang. Zu Wasser als Niederschlag siehe das Kapitel 12 „In und mit der Natur".)

Die in diesem Kapitel vorgebrachten Argumente mögen für Sie vielleicht nicht schlüssig oder nicht wissenschaftlich genug sein. Wichtig ist aber, dass wir die Möglichkeit haben, die tägliche Berührung und Begegnung mit Wasser im spirituellen Sinne zu deuten und zu nutzen. Und dazu sind alle eben genannten Aspekte des Wassers geeignet: Wasser zum Überleben, zur Reinigung, zum Heilen, zur Wohltat.

Natürlich gibt es noch unzählige andere Assoziationen zu Wasser, die sich im Sinne des Prozesses des Erwachens nutzen lassen. Ein „Weiterdenken" Ihrerseits ist erlaubt und erwünscht und ganz natürlich. Lassen Sie Ihren Gedanken und Empfindungen einfach freien Lauf.

Anknüpfungspunkte für den Umgang mit Wasser

Situation	Symbol oder Wunsch
Gesicht waschen	„Möge ich ganz wach werden und zum Wohle aller wirken."
Duschen	„Mögen alle Hindernisse, die dem Erwachen entgegenstehen, weggespült werden."
Wasser trinken	„Möge ich den erfrischenden Geschmack der Erleuchtung schmecken."
Einem Gast etwas zu trinken anbieten	„Möge dieses Getränk dich stärken und gesund erhalten."

3

Sich kleiden

Was soll ich heute bloß anziehen?" – fragen sich viele Menschen am Morgen, andere legen die Kleidung für den nächsten Tag schon am Abend zurecht. Welche Kleidung ist angemessen für Ihren Arbeitsplatz? Zuweilen gibt es eindeutige Vorschriften, meistens unausgesprochene Konventionen. Dieses oder jenes „gehört sich" einfach, manches „kann man einfach nicht tragen" im Büro, bei einer Konferenz, bei einer Präsentation. Für manche Berufe ist Arbeitskleidung schon deshalb nötig, weil es um Hygiene oder um Schutz vor Verletzungen geht.

Gehen wir einmal davon aus, dass Sie sich zur Arbeit anders anziehen als in Ihrer Freizeit. Dann wäre Ihre Arbeitskleidung irgendwie besonders und könnte nun auch mit neuen, speziell spirituellen Bezügen verknüpft werden.

In eine Rolle schlüpfen

Was geht in Ihnen vor, wenn Sie Ihre Arbeitskleidung anziehen? Für viele Menschen bedeutet das Anlegen einer bestimmten Kleidung auch ein Hineinschlüpfen in eine konkrete Rolle. Selbstverständlich gilt es, am Arbeitsplatz unsere jeweilige Rolle auszufüllen, unsere Aufgaben zu erledigen, unseren Job zu tun.

Andererseits ist es nicht immer nötig, diese Kleidung und die damit verbundenen Rollen todernst zu nehmen. Im Kapitel über das morgendliche Aufwachen verbanden wir das Öffnen der Vorhänge u. a. mit der Idee „Vorhang auf – Bühne frei“ für das nächste Theaterstück des neuen Tages. Für dieses Theaterstück legen wir nun eine besondere Kleidung an. Wir sollten unsere Rolle mit Verantwortung einnehmen und sie so gut es uns möglich ist ausfüllen. Aber es ist nicht nötig, dass wir uns für immer und ewig mit der entsprechenden Rolle identifizieren, uns gleichsam in sie verbeißen oder festkrallen. Gerade wenn uns die Verantwortung über den Kopf zu wachsen und ihre Last uns in die Knie zu zwingen droht, ist es gut, sich gelegentlich zu sagen: „Ohne mich würde das Ganze auch weiterlaufen. Wir sind alle ersetzbar. Ich nehme nur eine bestimmte Rolle ein.“

Das Ausfüllen Ihrer jeweiligen Rolle könnte mit großer Verantwortung und Belastung verbunden sein, die Sie zu bestimmten Verhaltensweisen veranlassen, die andere als streng, hart, rechthaberisch oder kleinlich erleben. Es mag Sie ein wenig beruhigen, zu erkennen, dass Ihre Mitmenschen auf Ihre Rolle und nicht wirklich auf Sie persönlich reagieren. Allerdings lässt sich wohl niemand gerne auf eine bestimmte Rolle und die damit verbundenen Eigenschaften reduzieren.

Vielleicht können Sie sich auch in einer strengen Rolle gelegentlich gnädig zeigen. Und bitte bedenken Sie, dass Ihre Mitmenschen ebenfalls in diversen Rollen stecken und in diesen gefangen sind. Hinter der formalen Kleidung und dem mürrischen Verhalten einer Person steckt möglicherweise ein ganz fröhlicher und umgänglicher Mensch.

Außerdem spielen die meisten Menschen nicht nur eine einzige Rolle, sondern schlüpfen im Laufe des Tages in mehrere unterschiedliche Rollen. Versuchen Sie doch einmal bewusst wahrzunehmen, in welchen wechselnden Rollen Sie sich im Laufe eines Tages wiederfinden, in der Familie, am Arbeitsplatz, unter Freunden. Das kann Spaß machen, weil damit unterschiedliche Seiten von uns hervorkommen können. Manchmal überfordert uns das tägliche Rollenspiel auch. Dann gilt es zu prüfen, ob wir die eine oder andere Rolle nicht abgeben können. Schließlich gibt es ja noch andere Rollen in diesem Theaterstück!

Eine solche Flexibilität ist durchaus im Sinne der buddhistischen Lehre. Hinter und zwischen all dem Ernst unserer täglichen Aufgaben darf etwas Spielerisches durchschimmern. Wir sprachen weiter oben von unserem Leben als von einem Traum. Hier vergleichen wir es mit einem Theaterstück, in das wir irgendwie eingebunden sind, z.T. als Regisseurin, z.T. auch als Schauspieler oder Bühnenbildnerin. Sich das gelegentlich zu vergegenwärtigen könnte helfen, das Leben, auch das oft harte Arbeitsleben, ein bisschen gelassener zu sehen.

Sich in positive Qualitäten kleiden

Die Symbolsprache unserer Kleidung im Sinne von Modetrends ist weitgehend kulturell bedingt. Kostbare Materialien wie Seide, Samt, Brokat, Kaschmirwolle u.a. gelten allerdings fast überall als Symbole für Wohlstand, Vornehmheit oder Erhabenheit, wie etwa die prachtvollen Gewänder von Monarchen oder religiösen Würdenträgern. Aufwendig hergestellte Kleidung aus wertvollen Stoffen mit positiven Eigenschaften zu assoziieren, ist uns also vertraut.

So lässt sich im Sinne des Mahayana Kleidung mit diversen positiven Eigenschaften verbinden wie z.B. Gelassenheit, Stärke, Mut, Freude oder Geduld. Welche dieser Qualitäten wünschen Sie sich für Ihren Tag am meisten? Dann denken Sie beispielsweise beim Anziehen Ihres Hemdes oder Ihrer Bluse: „Ich kleide mich in Gelassenheit." Versuchen Sie, ohne sich groß anzustrengen, zu spüren, wie Sie die Qualität von Gelassenheit tatsächlich „anziehen" und dann mit sich tragen.

Es empfiehlt sich, nur ein Kleidungsstück auf diese Weise mit einer Eigenschaft zu verknüpfen. Das kann entspannt und spielerisch geschehen, aber doch, zumindest einen Moment lang, mit Überzeugung. Dann lassen Sie diesen Gedanken am besten wieder los.

Womöglich werden Sie sich während des Tages erinnern, dass Sie doch in Gelassenheit gekleidet sind. Erwarten Sie aber bitte keine schnellen Veränderungen in Ihren gewohnten Reaktionen. Es mag durchaus sein, dass Sie trotzdem ärgerlich werden, aber vielleicht verraucht Ihr Zorn schneller als sonst. Hier gilt wieder das Prinzip des steten Tropfens.

Das Gewand des ethischen Verhaltens

Das Anziehen der Kleidung lässt sich insgesamt mit dem Vorsatz zu ethischem Verhalten verbinden. Dazu gibt es im Buddhismus, wie in allen Religionen, ausführliche Erläuterungen und Richtlinien. Im Wesentlichen geht es darum, dass man sich bemüht, keinem anderen Lebewesen zu schaden, sondern sich vielmehr für das Wohl aller einzusetzen. Wer sich mit dieser allgemeinen Ausrichtung verbinden möchte, kann beim Ankleiden denken oder sprechen: „Möge ich das Gewand des korrekten ethischen Verhaltens anlegen."

Wenn Sie noch mehr ins Detail gehen möchten, können Sie sich an den Regeln orientieren, die viele Laienpraktizierende des Buddha geloben, die sogenannten Panca Shilas, die fünf ethischen Regeln: Nicht töten, nicht nehmen, was nicht gegeben wurde, nicht lügen, kein sexuelles Fehlverhalten ausüben und keine berauschenden Mittel zu sich nehmen. Es ist üblich, dass Personen, die an der buddhistischen Zeremonie der Zufluchtnahme teilnehmen und sich auf diese Weise zur buddhistischen Lehre bekennen, die Einhaltung dieser fünf Regeln versprechen.

Mit dem morgendlichen Anziehen kann man sich selbst an diese Gelübde erinnern: „Möge ich das Gewand der fünf ethischen Regeln anziehen."

Schönheit und Wohlgefühl als Gabe

Unabhängig von Modetrends und Kleidervorschriften mag es für Sie Kleidungsstücke geben, in denen Sie sich einfach wohlfühlen, weil sie aus einem besonderen, angenehm auf der Haut liegenden Material gefertigt sind, einen speziellen Farbton oder einen ungewöhnlichen Schnitt haben. Den Genuss und die Freude, die mit dem Tragen dieses Kleidungsstückes einhergeht, gilt es zu bemerken und anzuerkennen: „Hier findet etwas Schönes und Angenehmes statt." Im Sinne des Mahayana können Sie diese angenehmen Empfindungen nun ausdehnen, indem Sie denken: „Mögen alle Wesen solch schöne und bequeme Kleidung tragen können." Wer mutiger ist, kann diesen Wunsch noch weiter ausdehnen: „Möge ich für alle Wesen zu solch wunderbarer Kleidung werden."

Weiterhin lässt sich, wie uns nun schon mehrfach begegnet ist, jeder angenehme Sinneseindruck als Gabe an die Buddhas behandeln. Sie könnten also denken: „Die Freude, die ich beim Tragen dieses Kleidungsstückes empfinde, bringe ich den Buddhas als Gabe dar."

Zwei Pole verbinden

Beim Anziehen bringen wir oft zwei Teile zusammen: Wir knöpfen ein Hemd zu, wir schließen einen Reißverschluss, wir schnallen den Gürtel um, wir binden die Schnürsenkel. Buddhisten ziehen bei diesen Tätigkeiten gerne eine Parallele zum Zusammenbringen von zwei Aspekten des Übens auf dem Weg zur Erleuchtung. Ein Paar solcher zentralen Prinzipien sind Weisheit und Mitgefühl. Beides gilt es, auf dem Pfad zu entwickeln bzw. zu entfalten. Unter Weisheit versteht man hier die Entwicklung von Einsicht in die Ungreifbarkeit, Fadenscheinigkeit oder Leerheit aller Dinge. Mitgefühl drückt sich idealerweise in jedem Handeln und in jeder Interaktion mit anderen aus. Obwohl diese beiden Aspekt aus der Perspektive des Übenden wie zwei getrennte Bereiche aussehen, die sozusagen einzeln erarbeitet werden müssen, sind sie in Wirklichkeit untrennbar und eins. Mit dem Zusammenbringen von zwei Teilen einer Kleidung erinnert man sich daran, dass diese beiden Aspekte im Laufe des Übens zu einem Ganzen zusammengefügt werden.

Das Zusammenbringen zweier scheinbar getrennter Aspekte lässt sich noch auf andere Begriffspaare anwenden. Im Mahayana ist oft von zwei Ansammlungen die Rede, die für das Voranschreiten auf dem Pfad zum Erwachen unabdingbar sind: die Ansammlung von Punya und die Ansammlung von Jnana. Punya, oft als „religiöses Verdienst" übersetzt, bedeutet die positive Energie und Kraft, die mit heilsamen Handlungen einhergeht. Diese gilt es auf dem buddhistischen Weg zusammenzubringen mit Jnana, d.h. der weisheitsvollen Sicht der Welt.

Für Menschen, die bereits vertrauter mit dem Mahayana sind, ergeben sich hier noch weitere Assoziationspaare, z.B. „Form und Leerheit" (wie im Herz-Sutra, einer bekannten Lehrrede des Buddha, thematisiert), „Bewusstheit und Leerheit", „Samsara und Nirvana" und vieles mehr. All diese scheinbaren Gegensätze sind im weiteren Verlauf des Übens als im Grunde identisch und untrennbar zu erkennen. Das Zusammenfügen zweier Teile der Kleidung, wie oben beschrieben, kann Sie daran erinnern.

In den Spiegel schauen

Mit Sicherheit blicken Sie während Ihrer Morgentoilette in einen Spiegel, sei es beim Rasieren oder Schminken, oder um zu kontrollieren, wie das Hemd oder der Rock sitzt. Für tiefere Kontemplationen fehlt Ihnen vielleicht morgens die Zeit, aber es sollte Ihnen doch gelegentlich gelingen, sich beim Blick in den Spiegel an eine Analogie zu erinnern: Unser ganzes Leben und die scheinbare äußere Wirklichkeit werden verglichen mit der Reflexion in einem Spiegel, d.h. sie tauchen auf als ein deutliches und lebendiges Bild, sind aber in Wahrheit nur eine Illusion ohne eigene Stofflichkeit. Das Bild im Spiegel lässt sich nicht greifen oder festhalten. Es steht somit für die Leerheit der Phänomene. Beim Blick in den Spiegel könnte Ihnen gelegentlich die Assoziation kommen: „Was ich da sehe, ist lediglich eine ungreifbare Reflexion."

Doch es bietet sich hier noch eine zusätzliche Verknüpfung an. Haben Sie schon einmal von der spiegelgleichen Weisheit gehört? Diese Weisheit wird mit einem kosmischen Spiegel verglichen, der die gesamte Existenz umfasst und in dem die Dinge sich auf magische Weise von alleine zeigen, nicht als Reflexion von etwas Äußerem. Der Spiegel umfasst alles, was existiert; er steht für die Natur des Geistes, die Natur des Seins. Das große Spiel der Existenz erscheint in diesem Spiegel: klar und deutlich, farbig, lebendig und in unendlich vielen Details. Alles darf da sein, nichts wird abgelehnt, aber da ist auch kein Versuch, irgendetwas festzuhalten. Die spiegelgleiche Weisheit besteht darin, zu verstehen und zu erleben, dass die Dinge zwar deutlich und klar erscheinen, gleichzeitig aber leer und ohne Substanz sind.

Anknüpfungspunkte für das Ankleiden

Situation	Symbol oder Wunsch
Arbeitskleidung anziehen	Sich für das Rollenspiel kleiden; bei allem Ernst des Lebens nicht vergessen, dass es sich um ein Theaterstück handelt.
Bestimmte Kleidungsstücke anziehen	Diese mit positiven Eigenschaften verknüpfen (Mut, Gelassenheit etc.) und sich in diese hüllen oder sie insgesamt mit ethischem Verhalten verbinden.
Angenehme Kleidung genießen	Das Wohlbefinden als Gabe an die Buddhas geben. Oder denken: „Mögen alle Wesen solch schöne und bequeme Kleidung tragen können."
Zwei Kleidungsteile verbinden	Zusammenbringen von Weisheit und Mitgefühl oder von Punya und Jnana ...
In den Spiegel schauen	Das Spiegelbild als Symbol für die illusionshafte Natur des Lebens.

4

Das Haus verlassen

Nun wird es bestimmt Zeit, dass Sie losgehen. Vermutlich sammeln Sie sich noch einmal und sicherzustellen, dass Sie alles haben: Portemonnaie, Fahrkarte, Führerschein. Vielleicht packen Sie ein Brötchen oder eine Flasche Wasser für die Pause ein, etwas zu lesen oder zu hören für unterwegs. Ein letzter Blick in den Spiegel – dann geht's los. Sie öffnen Ihre Wohnungstür und treten hinaus. Dann schließen Sie die Tür hinter sich und wenden sich dem neuen Tag zu.

Das Hinausgehen aus dem Haus und das Schließen der Haustür hinter uns ist ein Symbol dafür, dass wir etwas Vertrautes hinter uns lassen: unsere gewohnte Umgebung. Dort fühlen wir uns im Idealfall geborgen und wohl. Eine solche Rückzugsmöglichkeit zu haben ist kostbar und wichtig. Hier können wir uns entspannen und regenerieren. Mit diesen positiven Aspekten des Zuhauses werden wir uns in einem späteren Kapitel eingehender beschäftigen.

Die Geistesgifte zurücklassen

Hier soll auf eine andere Symbolik hingewiesen werden. Schon rein sprachlich gibt es einen Zusammenhang zwischen den Begriffen „Wohnen" und „das Gewohnte". In dem, was uns gewohnt ist, wohnen wir auch im übertragenen Sinne. Unsere Gewohnheiten im Denken, Fühlen und Handeln sind uns vertraut und scheinen uns selbstverständlich und gegeben, so als seien sie ein Teil von uns, wie eine vertraute Umgebung. Wir sind also sozusagen in bestimmten Gewohnheiten zu Hause, in gewissen Verhaltensmustern und Tendenzen bezüglich unseres Denkens, Fühlens und Handelns. Viele dieser inneren Muster sind allerdings unheilsam, d.h. sie bewirken in uns selbst Aufruhr durch starke Emotionen wie Angst, Aggression, Neid oder Habgier und führen im Umgang mit anderen zu Unstimmigkeiten, Streit, Konflikten, Verletzungen, also letztlich zu Leiden. All diese schlechten Gewohnheiten sind Varianten der sogenannten grundlegenden Geistesgifte. Diese sind Gier, Hass, Verblendung, Stolz und Neid. Mehr dazu finden Sie im Anhang unter „Buddhistische Grundlagen".

Es liegt allerdings an uns, ob wir an diesen Geistesgiften weiterhin festhalten, d.h. sie als unsere vertraute Umgebung pflegen und nähren und uns von ihnen wie eine Marionette lenken lassen oder ob wir sie und ihre Wirkungsweise durchschauen und ihnen dadurch die Macht über uns nehmen. Lassen Sie doch einfach mit dem Schließen Ihrer Haustür all diese Geistesgifte hinter sich zurück und treten Sie in eine neue Welt mit neuen Möglichkeiten des Verhaltens ein.

Die Welt der unbegrenzten Möglichkeiten

Jeden Morgen tauchen wir in eine unbekannte Welt ein, auch wenn es uns so vorkommt, als wiederhole sich täglich die gleiche langweilige Routine. Wenn wir unsere Augen nur weit genug aufmachen, werden wir feststellen, dass jeder Tag frisch und einzigartig ist und es bei jedem Schritt etwas Neues zu entdecken gibt.

Wann sind Sie aus Ihrem Elternhaus ausgezogen? Erinnern Sie sich noch, wie sich das angefühlt hat? Vielleicht war da eine Mischung aus Abenteuerlust und Unbehagen: „Endlich frei sein, ja! – Aber was wird mich dort draußen in der großen weiten Welt erwarten?" So oder ähnlich geht es vielen jungen Erwachsenen, die aus dem elterlichen Zuhause ausziehen und ihr eigenes Leben beginnen. Sie haben zwiespältige Gefühle: Einerseits sind sie aufgeregt und freuen sich auf das Neue, andererseits ist es ihnen vielleicht auch etwas mulmig, weil sie ja nicht wissen, was da auf sie zukommt. Sie lassen das Vertraute zurück und gehen ins Unbekannte hinein. Dafür braucht man Mut und Zuversicht. Gleichzeitig wissen wir alle, dass dies ein natürlicher und notwendiger Prozess ist: Vögel werden flügge und verlassen ihr Nest. Genauso sollten junge Erwachsene den Sprung aus dem Nest ihrer Eltern hinein ins Leben wagen.

Im Grunde aber machen Sie diesen Sprung jeden Tag, wenn Sie aus dem Haus gehen. Es ist wiederum die innere Haltung der Offenheit, die entscheidend ist. Unvoreingenommene, offene Aufmerksamkeit ermöglicht es uns, Dinge, Situationen und Menschen zu bemerken, die wir bislang aufgrund unserer Einstellung, alles sei immer „der gleiche alte Hut", nicht wahrnehmen konnten. Unser Blickfeld war durch solch vorgefasste Meinungen begrenzt und eingeengt, so als trügen wir Scheuklappen. Möglichst offen und unvoreingenommen zu sein ist wie das Ablegen dieser Scheuklappen: Ganz neue Aussichten und Einsichten tun sich vor und für uns auf.

Das allein ist schon eine wunderbare Übung: Jeden Morgen, wenn Sie die Haustüre hinter sich zumachen, könnten Sie denken: „Ein neues Leben beginnt, ein Abenteuer, und ich bin offen für alles, was heute auf mich zukommt."

In die Hauslosigkeit ziehen

Im buddhistischen Kontext versteht man unter dem Begriff „in die Hauslosigkeit ziehen", dass jemand seine gesamten Besitztümer aufgibt, Haus und Familie zurücklässt, sich vollständig der Übung der Meditation und dem heilsamen Lebenswandel widmet und darauf vertraut, dass ihn Spenden ernähren und kleiden. Meist wird „in die Hauslosigkeit ziehen" als Synonym dafür gebraucht, Mönch oder Nonne zu werden, aber man kann diesen Satz auch in einem weiteren Sinne verstehen. Keine Sorge, es wird nicht etwa als Nächstes von Ihnen erwartet, dass Sie Ihr gesamtes Hab und Gut aufgeben und in ein Kloster eintreten!

Allerdings haben Sie mit Sicherheit schon erlebt, dass man „leichter" wird, wenn man den Kleiderschrank oder das Bücherregal ausgemistet oder überflüssige Dinge weggegeben hat. Plötzlich scheint da mehr Raum zu sein in der Wohnung und man hat den Eindruck, freier atmen zu können. Auch das Gefühl, dass Besitz eine Last sein kann, wird Ihnen wohl vertraut sein. Manche Menschen sind z.B. sehr besorgt, dass jemand in ihr Haus einbrechen und wertvolle Dinge stehlen könnte oder ihr neues Auto beschädigt werden könnte. Je mehr wir besitzen, desto mehr Arbeit, Mühe, Kraft, Zeit und Geld erfordert die Sorge um und die Pflege dieser Besitztümer.

Das soll keine negative Bewertung von Besitz ausdrücken. Aus der Perspektive des Mahayana spricht nichts dagegen, wohlhabend zu sein. Der entscheidende Punkt ist, wie man mit dem Wohlstand oder dem Reichtum umgeht. Im Idealfall teilt man das, was man besitzt oder die Fähigkeiten, die man beherrscht, mit anderen oder stellt es zum Zwecke der Ausübung oder der Verbreitung der buddhistischen Lehre zur Verfügung.

Wenn Sie die Haustür hinter sich verschlossen haben, versuchen Sie es mit dem Gedanken: „Ich lasse alle meine Besitztümer los. Heute mache ich mir keine Sorgen über mein Haus oder meine Wohnung. Ich bin ganz in dem, was der Tag mir heute bringt."

Das Haus des Ich einstürzen lassen

Ganz Wagemutige können noch einen Schritt weiter gehen. Wie oben schon erwähnt, lässt sich das Schließen der Haustür mit dem Abschied von den Geistesgiften verknüpfen. Die Geistesgifte wiederum und die daraus resultierenden Gewohnheiten sind das, woraus das scheinbar als eigenständige Instanz existierende Ich zusammengebaut ist. Die Aufrechterhaltung der Geistesgifte könnte man als hilflosen Versuch des Ich interpretieren, sich zu schützen. Man spricht im Buddhismus auch vom Haus des Ich. Wir haben es uns wie in einem warmen Nest gemütlich eingerichtet – so scheint es zumindest. Im Normalfall bringen wir das, was wir als Schwierigkeiten des Lebens empfinden, nicht mit unserer Aufrechterhaltung der Ich-Illusion in Zusammenhang. Aber genau dies ist der Fall: Solange wir an der Illusion eines Ich festhalten, werden wir leiden. Dies ist die Botschaft des Buddha.

Sie könnten also, wenn Sie morgens aus dem Haus gehen, dieses „Haus der Ich-Illusion" hinter sich lassen. Sie ziehen in die Hauslosigkeit, in die Ichlosigkeit. Sie verlassen das Haus des Ich und hören damit auf, sich ständig nur um sich selbst zu drehen. Sie treten aus dieser seltsamen künstlichen Konstruktion heraus, Sie benötigen diese Art der Zuflucht nicht mehr.

Im buddhistischen Kontext spricht man sogar davon, solche falschen und schädlichen mentalen und emotionalen Konstrukte zum Einsturz zu bringen. Dies geschieht vor allem durch entsprechende Einsichten in der Meditation. Man schickt sozusagen ein Abrisskommando zum Haus des Ich. Nach dem Einsturz des Ich-Gebäudes liegt aber nicht unser gesamtes Sein in Schutt und Asche, sondern nun kann endlich das zum Vorschein kommen, was uns wirklich ausmacht: unser wahres Sein, das von Natur aus liebevoll und mitfühlend ist, frei und offen, voller Dynamik und Energie, spielerisch und voller Freude.

Auf den ersten Blick mag das Ich wie eine gewaltige Trutzburg oder Bastion wirken, aber bei genauerem Hinsehen ähnelt es eher einer baufälligen Hütte, ja sogar einem Kartenhaus.

Wenn Sie morgens aus dem Haus gehen, können Sie denken: „Jetzt lasse ich das Haus des Ich hinter mir. Es darf ruhig einstürzen. Ich brauche es nicht mehr. Es hatte ohnehin niemals wirklich Substanz. Es war kein wirkliches Haus, es war nur eine Illusion."

Vielleicht wird Ihnen das Ganze allmählich unheimlich und sie befürchten, dass beim Nachhausekommen Ihr Wohnhaus nicht mehr stehen könnte. Das stimmt: Wenn Sie von Ihrer Arbeit oder Ihren Besorgungen zurückkommen, werden Sie etwas ganz anderes vorfinden: einen königlichen Palast für Sie als Buddha. Dazu mehr im Kapitel 6 „Am Ziel ankommen".

Assoziationen für das Verlassen des Hauses

Situation	Symbol oder Wunsch
Aus der Tür treten	Offen sein für Neues
Die Wohnung („das Gewohnte") verlassen und die Tür hinter sich schließen.	Sorgen über den Besitz zurücklassen; alte Verhaltensweisen hinter sich lassen, sich von den Geistesgiften verabschieden.
Das Haus verlassen	Das Haus des Ich hinter sich lassen: „Möge das Haus der Ich-Illusion einstürzen!"

5

Den Weg gehen

Nun machen Sie sich auf den Weg – zur Arbeit, zur Schule oder Universität. Zwischen Ihrem Ausgangspunkt und Ihrem Ziel liegt eine Strecke, die es zurückzulegen, zu überwinden gilt – der Weg eben. Eventuell haben Sie das Glück, Ihr Ziel zu Fuß oder mit dem Fahrrad erreichen zu können. Vielleicht müssen Sie sich aber auch, wie die meisten Menschen, in volle Busse und Bahnen quetschen oder im morgendlichen Stau auf der Autobahn die Nerven bewahren.

Oft empfinden wir solche Wege als lästig und unangenehm oder als reine Zeitverschwendung. Manche frühstücken im Auto, hören die Nachrichten oder führen Telefongespräche. Andere nutzen die morgendliche Fahrt in öffentlichen Verkehrsmitteln, um noch ein bisschen zu dösen oder zu lesen. Manch einer beginnt seinen Arbeitstag bereits im Zug, führt Kundengespräche am Telefon, schreibt E-Mails auf dem Notebook und nutzt somit den Fahrtweg für seinen Beruf.

Sich auf den Weg zum Erwachen machen

Wir könnten unseren Weg aber noch ganz anders nutzen, im Sinne unserer spirituellen Ausrichtung. Denn wir sprechen ja auch im übertragenen Sinne von Wegen: der berufliche Weg, der Lebensweg, der Weg zu mehr Gelassenheit, Gesundheit oder Glück. Somit wird auch für den Prozess einer körperlichen oder inneren Entwicklung das Bild vom Weg gebraucht. Im buddhistischen Kontext spricht man vom Weg oder vom Pfad zur Erleuchtung. Auch wenn wir Buddha-Natur bereits in uns haben, ist doch eine Entwicklung oder Entfaltung dieses Potentials nötig. Und diese Entwicklung oder Reifung drückt sich in dem Bild der Reise, des Unterwegsseins oder eben des Weges aus.

Was liegt also näher, als den morgendlichen Weg zur Arbeit mit dem Pfad zum Erwachen zu verbinden? Wenn Sie Ihre Wohnung oder Ihr Haus verlassen, können Sie denken: „Ich mache ich mich jetzt auf in Richtung Erwachen." Oder: „Nun beschreite ich den Weg zur Erleuchtung." Spüren Sie Ihre Schritte auf dem Gehweg, spüren Sie den Boden und das Gefühl, unterwegs zu sein. Bemerken Sie jeden Ihrer Schritte: Die Reise zum Erwachen geschieht Schritt für Schritt, nach und nach. Und Sie erreichen mit Sicherheit das Ziel, wenn Sie nur weiterhin vertrauensvoll einen Schritt vor den nächsten setzen.

Weiterhin könnten Sie sich vorstellen, dass die anderen Reisenden, denen Sie unterwegs begegnen, ebenfalls auf dem Weg zum Erwachen sind – auch wenn sie im Moment vielleicht ein bisschen müde aussehen. Vielleicht entsteht in Ihnen der Wunsch: „Mögen alle diese Menschen wohlbehalten an ihr Ziel kommen." Unser wahres Ziel ist hier natürlich das Erwachen zum Wohle aller Lebewesen. Entsprechend lässt sich beim Reisen auch wünschen: „Mögen alle Wesen schnell an ihrem wahren Ziel, dem Erwachen zum Wohle aller, ankommen."

Der richtige Weg

Welcher Weg ist der richtige? Geradeaus, links oder rechts? Den richtigen vom falschen Weg unterscheiden zu lernen – auch das ist eine Metapher für die spirituelle Reise und ihre Herausforderungen. Der Weg, den der Buddha lehrte, wird der Edle Achtfache Pfad genannt. Dieser Pfad bezieht sich auf unser alltägliches Verhalten, auf spirituelle Einsicht und auf Meditation. Auf allen Ebenen und in jeder Lebenssituation versucht ein Übender des buddhistischen Pfades, aufmerksam und wach zu sein und anderen nicht zu schaden. Ihren alltäglichen Weg, etwa zum Bahnhof, finden Sie gleichsam im Schlaf. Gelegentlich könnte Ihnen dabei der Gedanke kommen: „Möge ich auch im spirituellen Sinne mit der gleichen Sicherheit den richtigen Weg einschlagen."

Orientierungshilfen und Schutz

Ist uns ein Weg noch nicht völlig vertraut, orientieren wir uns zumindest gelegentlich an Hinweisen wie Schildern, Wegweisern oder Lautsprecheransagen. Bei längeren Reisen stützen wir uns zudem auf weitere Hilfsmittel wie Landkarten, Reiseführer oder Navigationssysteme und wir brauchen auch andere Menschen mit einem gewissen Fachwissen, die unsere vielen Fragen rund um die jeweilige Reise beantworten. Entsprechendes gilt für die spirituelle Suche. Auch hier brauchen wir Hinweise und menschliche Hilfe, um uns nicht zu verirren. Straßenschilder oder andere Orientierungshilfen können uns an diese Tatsache erinnern. Beim Kontakt mit solchen Orientierungshilfen kann der Gedanke aufkommen: „Wie gut, dass es solche Hinweise gibt. Mögen wir auch für den Weg zum Erwachen Hilfe und Unterstützung bekommen." Oder auch: „Möge ich für andere ein Wegweisender auf dem spirituellen Pfad werden."

Je nach der Länge des Arbeitswegs statten sich Pendler auch mit Essen und Trinken aus. Auf weiteren Reisen tun wir das alle. Allgemein sind wir auf Reisen oder beim Wandern froh über

Rastplätze, Wanderhütten, Toiletten, die Möglichkeit, uns etwas zu essen und zu trinken zu kaufen oder geschützt vor Wind und Wetter in gemütlichen Räumen zu sitzen. Kommen wir selbst in den Genuss einer solchen Infrastruktur, erleben wir dies meist als wohltuend und beruhigend. Gleichzeitig können wir wünschen, dass alle Wesen solchen Schutz finden mögen. Ein Bodhisattva wünscht sogar, dass er oder sie selbst zu solchen Schutzeinrichtungen für andere werden möge, sowohl im weltlichen als auch im spirituellen Sinne.

Stellen Sie sich vor, Sie wären ein Flüchtling, der vor einer großen Gefahr wegläuft oder von anderen Menschen mit Gewalt vertrieben wurde. So ein Mensch braucht eine Zufluchtsstätte, körperlichen Schutz, ein Dach über dem Kopf, Unterstützung, Fürsorge. Zum Glück gibt es Hilfsorganisationen, die solche Hilfe bieten, und Staaten, die Flüchtlingen Asyl gewähren. Auch im Buddhismus sprechen wir von Flüchtlingen und von Schutz und Zuflucht. Der Schutz für den buddhistischen Suchenden ist die sogenannte *dreifache Zuflucht,* d.h. die Zuflucht zum Buddha, zu seiner Lehre und zu seiner Gemeinschaft.

Vielleicht suchen auch Sie auf Ihrem täglichen Arbeitsweg gelegentlich Schutz, z.B. stellen Sie sich in das Wartehäuschen an der Haltestelle, falls es regnet oder sehr windig ist. Während der Wartezeit könnten Sie darüber nachsinnen, welchen Schutz Sie sich auf Ihrem spirituellen Weg wünschen.

Mit Freundlichkeit in die Welt hineingehen

Wir sind auf unserem Weg somit auf Hilfe von außen, d.h. von anderen Menschen angewiesen. Wir brauchen freundliche Unterstützung, damit wir unser Ziel erreichen. Mit der gleichen Freundlichkeit könnten auch wir uns auf den Weg machen. Jeder Schritt, den wir setzen, ist ein Schritt in etwas Neues hinein, in eine neue Erfahrung, in einen neuen Erfahrungsraum. Wir gehen sozusagen auf die Welt zu, in die Welt hinein und senden dabei auch eine Botschaft aus. Wie lautet Ihre Botschaft? Gehen Sie den Weg mit ungeduldiger Eile, weil Sie ihn möglichst schnell bewältigen und hinter sich lassen wollen? Probieren Sie doch einmal aus, wie sich Ihr Weg anfühlt, wenn Sie Ihre Schritte und Ihre Bewegung in den Raum hinein mit einer freundlichen Haltung machen. Der Weg ist in dem Moment, in dem Sie ihn beschreiten, Ihre Wirklichkeit. Warum sollten Sie diese Wirklichkeit ablehnen? Sie könnten stattdessen mit jedem Schritt offen, freundlich und vertrauensvoll in den Raum des neuen Tages hineinschreiten.

In ein Fahrzeug einsteigen

Einen langen Weg zu Fuß zu gehen kann sehr mühsam sein. Der Mensch hat diverse Transportmittel wie Autos, Züge und Flugzeuge erfunden. Schneller und weiter können uns diese Transportmittel bringen als wir das aus eigener Kraft könnten. Gemeinsam mit anderen Menschen sitzen wir in verschiedenen Fahrzeugen und lassen uns an unser Ziel transportieren. Auch im Buddhismus spricht man von Fahrzeugen, Yana in Sanskrit. Das Mahayana, das Große Fahrzeug, bietet unzähligen Reisenden Platz und bringt uns leichter ans Ziel, als wir das aus eigener Kraft oder zu Fuß könnten. Wann immer Sie in ein Fahrzeug einsteigen, können Sie denken: „Ich steige in das Große Fahrzeug des Buddha ein und werde Erwachen erlangen genau wie die vielen Mitreisenden um mich herum."

Als Passagier macht man es sich am besten bequem und lehnt sich zurück. Es gibt ja nichts zu tun. Welch ein Glück: Sie können sich fallen lassen und es genießen, keine Verantwortung für den Straßenverkehr zu tragen. Wenn Sie möchten, denken Sie dankbar an den Lokführer oder die Busfahrerin. Sie fährt und lenkt für Sie, wie wunderbar! Die Analogie liegt auf der Hand: Im übertragenen Sinne ist es der Buddha, der die buddhistischen Fahrzeuge lenkt, in der weiteren Vision des Mahayana sind es die Buddhas aller Zeiten und Richtungen des Raumes sowie alle Lehrer und Lehrerinnen, die uns ein Stück weit mitnehmen auf dem Weg durch ihre Unterweisungen, ihre Inspiration, ihr Vorbild.

Samsara überqueren

Manche Menschen führt ihr Arbeitsweg über eine Brücke, die zwei Ufer eines Flusses oder eines Sees miteinander verbindet. Erst bei Überschwemmungen oder Bauarbeiten und der damit eventuell verbundenen Sperrung einer Brücke wird uns klar, welch enorm wichtige Lebensadern solche Übergänge sind. Diese Erinnerung mag Dankbarkeit in uns hervorrufen, vielleicht auch den Wunsch, dort Brücken mitzufinanzieren, wo sie keine Selbstverständlichkeit für Menschen sind.

Das Überqueren des Wassers, besonders des Ozeans oder eines Flusses, wird in vielen Religionen als eine Metapher für den spirituellen Weg gebraucht. Der Wasserlauf, der Fluss oder der Ozean steht für den Samsara, die bedingte, leidvolle Existenz der Lebewesen. Diese Gewässer gilt es zu überqueren und ans andere Ufer zu gelangen, d.h. zur Buddhaschaft, die zum Wohle aller ausstrahlt. Beim Überqueren eines Flusses, sei es auf einer Brücke oder mit einer Fähre, können Sie sich an diesen Zusammenhang erinnern und denken: „Möge ich zum Wohle aller den Ozean des Samsara überqueren." Oder auch: „Mögen alle Wesen den Ozean des Samsara überqueren" und „Möge ich eine Brücke oder eine Fähre sein, mit der die Wesen den Fluss des Leidens überqueren können."

Stufen hochsteigen

Der Weg zur Erleuchtung wird oft als Stufenweg beschrieben. Personen, die sich auf diesem Weg befinden, nennt man Bodhisattvas, wörtlich „Erleuchtungswesen". Meist spricht man von zehn sogenannten „Bodhisattva-Stufen", die mit bestimmten tief gehenden Einsichten und Erfahrungen in die Natur der Wirklichkeit verbunden sind. Sicherlich treffen Sie im Laufe Ihres Tages auf wirkliche Stufen. Wenn Sie also eine Treppe hochsteigen – die durchaus mehr als zehn Stufen haben darf –, könnten Sie denken: „Möge ich zum Wohle aller Lebewesen die Bodhisattva-Stufen erklimmen bis hin zur Buddhaschaft."

Was aber, wenn Sie eine Treppe hinuntergehen? Nun, dies lässt sich mit einem anderen Zusammenhang verknüpfen, der allerdings eine gewisse Vertrautheit mit dem Weltbild des Mahayana voraussetzt. In dem Fall wird der Wunsch empfohlen: „Möge ich den Wesen in den niederen Bereichen helfen." Der Hintergrund dafür ist die Vorstellung, dass es bestimmte Daseins- oder Existenzbereiche gibt, in denen die Lebewesen wiedergeboren werden. Man kann sie grob in höhere und niedere Bereiche einteilen, je nachdem, wie angenehm oder unangenehm das Leben dort jeweils ist und wie hoch oder gering die Chance, in dem jeweiligen Bereich auf dem Weg zum Erwachen weiter fortzuschreiten. Da die zentrale Motivation eines Bodhisattva nicht der eigene spirituelle Fortschritt, sondern das Wohl aller Wesen ist, ergibt sich folgerichtig der Wunsch, den Wesen, die in den niederen Bereichen ein leidvolles Dasein fristen, zu helfen.

Wenn Ihnen diese Assoziationen zu fremd sind, dann bleiben Sie einfach mit ganzer, aber entspannter Aufmerksamkeit bei der körperlichen Wahrnehmung des Treppensteigens, bei Atem und Herzschlag. Es mag sich auch Freude einstellen, wenn Sie Ihre Kraft spüren und den Schwung, wenn Sie eine Stufe nach der anderen erklimmen oder hinuntergehen, vielleicht sogar hinunterhüpfen wie ein Kind.

Buddhas umkreisen

In buddhistischen Ländern umkreisen die Gläubigen ihre Tempel oder andere Symbole für die Präsenz der Buddhaschaft im Uhrzeigersinn. Dies ist Ausdruck der Verehrung. Das, was man verehrt, liegt rechts von einem, da, wo der Ehrengast sitzen würde. Buddhistische Tempel gibt es hierzulande nicht sehr viele, aber für einen Anhänger des Mahayana sind die Buddhas immer und überall präsent. Daher können wir ohne Weiteres im besonderen Maße an die Buddhas denken, die rechts von uns verweilen, und die Gewissheit verspüren, dass wir sie umrunden und ihnen dadurch unsere Verehrung bezeugen. Dies kann überall geschehen, auf jedem Weg, den wir zurücklegen.

Ganz beim Gehen sein

Vielleicht können Sie mit vielen Verknüpfungen wenig anfangen. Kein Problem: Dann gehen Sie einfach auf Ihrem Weg wie beim Treppensteigen. Lassen Sie sich ganz in das Gehen fallen: Spüren Sie, wie Sie Ihre Schritte aufsetzen, wie die Füße abrollen, wie sich das Gewicht von einem Bein auf das andere verlagert. Hören Sie Geräusche? Ihre eigenen Schritte oder Autos, menschliche Stimmen, Vogelgesang? Nehmen Sie all das einfach wahr. Lassen Sie diese Wahrnehmungen nur Wahrnehmungen sein: fühlen, sehen, hören, riechen, spüren. Nicht mehr und nicht weniger. Gestatten Sie, dass Gedanken bezüglich des Ziels Ihres Weges in den Hintergrund treten. Gehen Sie einfach achtsam. Als Selbstzweck.

Sich völlig auf die Sinneswahrnehmung auszurichten, möglichst ohne innere Bewertungen und Kommentare, kann diese Wahrnehmungen sehr intensivieren. Vielleicht vergessen Sie für einen Moment tatsächlich, wohin Sie eigentlich gehen wollten. Prima! Denn in einem tieferen Sinne gehen wir ohnehin niemals irgendwohin. Alles, was wir erleben, ist ein ständiger Wechsel von Sinneseindrücken und die Bewertung und Einordnung derselben durch gedankliche Schemata. Der Gedanke „ich gehe von der Bushaltestelle nach Hause" ist lediglich die künstliche Benennung einer Abfolge von Wahrnehmungen. In diesem Sinne ist der Gedanke so etwas wie ein Etikett, das wir auf die direkten und unmittelbaren Wahrnehmungen kleben, um uns sicherer zu fühlen. Eine eigenständige Realität hat dieses Etikett aber nicht.

Es könnte sein, dass Sie das eben Gelesene befremdlich finden oder es Ihnen dabei ein bisschen mulmig wird. Das ist kein Wunder. Mit solchen Eindrücken und Überlegungen nähern wir uns einer Einsicht, die man im Buddhismus Einsicht in die „Leerheit der Phänomene" nennt. Denn die vermeintlich fest gefügte Welt entpuppt sich bei genauerem Hinsehen als viel fließender und flüchtiger, als uns das lieb ist. Die Welt gleicht eher einem Traum, einem Regenbogen oder einer Luftspiegelung als etwas, wonach wir wirklich greifen könnten. Um in diese Richtung weiterzugehen, empfiehlt es sich, entsprechende Meditationsunterweisungen von qualifizierten Personen zu bekommen und dann unter Anleitung zu üben.

Anknüpfungspunkte für das Gehen des Weges

Situation	Symbol oder Wunsch
Beim Verlassen Ihres Hauses	„Ich mache mich auf den Weg zum Erwachen.“
Sie sehen andere Reisende und Pendler.	„Mögen alle diese Reisenden wohlbehalten an ihr Ziel kommen.“ „Mögen alle Reisenden Erwachen zum Wohle aller erlangen.“
Sie finden ganz selbstverständlich einen vertrauten Weg.	„Möge ich auch im spirituellen Sinne mit der gleichen Sicherheit den richtigen Weg einschlagen.“
Wenn Sie sich an Schildern oder anderen Informationen orientieren.	„Möge ich für andere ein Wegweisender auf dem spirituellen Pfad werden.“
Sie suchen Schutz vor Regen oder Wind.	Fragen Sie sich, was oder wer Ihre Zuflucht im spirituellen Sinne ist.
In ein Fahrzeug einsteigen	„Ich steige in das Große Fahrzeug des Buddha ein und werde Erwachen erlangen, genau wie die vielen Mitreisenden um mich herum.“
Eine Brücke überqueren	„Möge ich zum Wohle aller den Ozean des Samsara überqueren.“
Eine Treppe hochsteigen	„Möge ich zum Wohle aller Lebewesen die Bodhisattva-Stufen zur Erleuchtung erklimmen.“

6

Am Ziel ankommen

Nachdem Sie eine Weile – wohin auch immer – auf dem Weg sind, nähern Sie sich nun Ihrem Ziel. Das kann Ihr Arbeitsplatz sein, das Haus eines Freundes, ein Geschäft, in dem Sie etwas einkaufen wollen, eine Bank, in der Sie etwas erledigen müssen oder auch Ihr eigenes Zuhause, zu dem Sie am Abend nach einem langen Tag zurückkommen.

Mit welchem Gefühl nähern Sie sich Ihrem Ziel? Was denken und fühlen Sie dabei? Da kann eine gewisse Aufgeregtheit oder Freude sein, wenn Sie etwas Schönes erwartet. Dann gehen Sie vermutlich lächelnd und leichten Mutes in das Gebäude hinein. Vielleicht verspüren Sie aber auch eine gewisse Beklemmung, wenn am Zielort schwierige Aufgaben oder Situationen auf Sie warten, etwa eine unangenehme Konferenz mit Ihren Kollegen und Vorgesetzten, eine Aussprache über ein bestimmtes Problem. Vielleicht beabsichtigen Sie auch, sich in einem Geschäft über etwas zu beschweren oder eine Ware zu reklamieren. Oder aber Sie beachten Ihre Gefühle gar nicht weiter, sondern sind nur froh, endlich am Ziel Ihres Weges oder Ihrer Reise angekommen zu sein, und sind völlig darauf ausgerichtet, Ihre Vorhaben nun schnell und effektiv zu erledigen.

In den Einflussbereich der Erleuchtung eintreten

Entsprechend der Symbolik des Weggehens aus dem Haus der Geistesgifte am Morgen und Ihres Weges (z.B. zur Arbeit) als Pfad zum Erwachen bietet sich nun an, das Ankommen als Ziel des spirituellen Weges aufzufassen. Und das Ziel des buddhistischen Weges ist die Erleuchtung zum Wohle aller. Kurz vor Ankunft an Ihrem Zielort könnten Sie also das Gefühl haben, dass gleich etwas ganz Besonderes und Wichtiges geschehen wird: Ein Übergang findet statt. Sie werden vom Gehen auf dem Pfad des Erwachens nun über die Schwelle treten, hinein in den eigentlichen Bereich der Buddhaschaft, sozusagen auf die Zielgerade.

Achten Sie also auf den Moment, in dem Sie tatsächlich die Schwelle des Gebäudes überschreiten, und denken Sie beim ersten Schritt, den Sie in dieses Gebäude, in diesen neuen Raum tun: „Nun betrete ich den Einflussbereich der Erleuchtung." Selbst wenn Sie diesen Gedanken nur für einen ganz kurzen Moment aufrechterhalten können, vermag er sich auf Ihren ganzen Arbeitstag auszuwirken. Denn er bedeutet, dass sich auch Ihre Arbeitskollegen und Ihr Chef im Wirkungsfeld des Erwachens aufhalten. Wo sollten alle diese Menschen auch sonst sein?

Tore in neue Räume

Vielleicht erscheint Ihnen die Übung, am Arbeitsplatz an die Erleuchtung zu denken, zu abwegig oder zu schwierig. Kein Problem, denn es gibt viele andere Möglichkeiten zu üben. Als ein weiteres Symbol bieten sich Türen an. Eine Tür, ein Tor oder ein Torweg stehen oft bildhaft für den Übergang zu einer anderen Welt oder Wirklichkeit. In unserem Kontext lässt sich das Öffnen jeder Tür mit dem Eintritt in einen neuen Erfahrungsraum verknüpfen. Wir sprachen schon mehrmals von dem Ideal, in jede Situation möglichst offen und aufmerksam hineinzugehen, ohne Vorurteile und Erwartungen. Denn nur dann kann es gelingen, uns wirklich auf das einzulassen, was wir vorfinden und entsprechend mit offenem Herzen auf die Situation einzugehen und auf sie zu antworten – anstatt wie eine Maschine auf Knopfdruck bestimmte Verhaltensmuster einfach nur abzuspulen. Gestatten Sie sich also selbst jedes Mal, wenn Sie eine Tür aufmachen, offen in den einzigartigen Raum einzutreten, der sich da für Sie auftut.

Der Sitz der Erleuchtung

Sind Sie mit der Lebensgeschichte des Buddha vertraut? Wenn nicht, können Sie im Anhang etwas darüber erfahren. Prinz Siddhartha war, nachdem er sein luxuriöses und sorgloses Leben im Palast aufgegeben hatte, durch viele extreme asketische Übungen gegangen, die seinen Körper völlig ausmergelten, bis er nur noch aus Haut und Knochen bestand. An einem bestimmten Punkt erkannte der zukünftige Buddha, dass er durch solch übertriebene Härte gegen sich selbst nicht weiterkommen würde. Er nahm wieder etwas Nahrung zu sich und erinnerte sich daran, wie er als Jugendlicher ganz entspannt und von allein in einen tiefen meditativen Zustand geraten war. Das musste der Weg sein! Er suchte sich einen Platz unter einem Baum, nahm Grasbüschel als Sitz und ließ sich darauf nieder mit dem festen und unverrückbaren Entschluss, den Weg zur inneren Freiheit bis zum Ende zu gehen. Vorher wollte er nicht wieder aufstehen. Und tatsächlich blieb er sitzen, bis er erwachte und damit zum Buddha wurde.

Mit dieser Kraft des Entschlusses, Buddhaschaft zu erlangen, können Sie sich verbinden, und zwar jedes Mal, wenn Sie sich irgendwo hinsetzen, z.B. auf Ihren Bürostuhl. Wie der Buddha nehmen Sie dabei auf dem Sitz der Erleuchtung Platz, mit dem festen Vorsatz, nicht eher wieder aufzustehen, bis Erwachen verwirklicht ist. Trauen Sie sich und versuchen Sie es einmal! Es könnte Ihren Arbeitstag verändern.

„Aber was ist, wenn ich von meinem Platz im Büro aufstehe?“, fragen Sie. Ganz einfach: Dann sind Sie erleuchtet! Als Buddha schreiten Sie dann durch Ihre Firma und strahlen Gelassenheit, Freundlichkeit und Güte für alle aus.

Ihr wahres Zuhause

Noch einmal zurück zum Symbol der Tür. Der vorhergehenden Anleitung können Sie auch beim Nachhausekommen folgen. Mit dem Öffnen Ihrer Haustür und dem Überschreiten der Türschwelle betreten Sie den besonderen Einflussbereich der Erleuchtung und dann setzen Sie sich als der zukünftige Buddha auf den Sitz der Erleuchtung, z.B. auf das Wohnzimmersofa.

Eine weitere Variante bezieht sich auf Ihr Haus als das Gewohnte. Wie im Kapitel 4 erläutert, haben Sie Ihr Haus der Geistesgifte, d.h. der alten, schlechten Gewohnheiten, das Haus des Ich, am Morgen zurückgelassen und sogar das Abrisskommando bestellt: Die alte, baufällige Konstruktion der Ich-Illusion sollte zum Einstürzen gebracht werden. Jetzt sind Sie auf dem Heimweg. Zu welchem Zuhause sollen Sie nun am Abend gehen? Was geschieht, wenn Sie am Abend, vielleicht nach einem langen Tag, müde nach Hause kommen?

Hier können Sie also die Haltung einnehmen, dass Sie bereits Buddha sind. Nach Ihrem Wirkungstag inmitten der Lebewesen haben Sie nun Ihr wahres Zuhause, den Palast der Buddhaschaft betreten. Wenn Sie also Ihre Haus- oder Wohnungstür öffnen und über die Türschwelle schreiten, betreten Sie in Wirklichkeit die Wohnstätte des Buddha. Der Buddha wohnt in einem Palast, in einem Reinen Land. Dort ist alles von Erleuchtung durchdrungen, von Liebe und Weisheit, von Freundlichkeit und Großzügigkeit. Entspannen Sie sich einfach in diese wohltuende Umgebung hinein.

Anknüpfungspunkte für das Ankommen

Situation	Symbol oder Wunsch
Aufgeregtheit bei der Annäherung an das Ziel	Vorahnung, dass nun ein Übergang auf dem Übungsweg bevorsteht.
Die Türschwelle überschreiten	Sie treten ein in den Einflussbereich des Erwachens.
Sie setzen sich	Sie nehmen Platz auf dem Sitz der Erleuchtung mit dem festen Entschluss, nicht eher wieder aufzustehen, bis Erleuchtung verwirklicht ist.
Nach Hause kommen	Sie betreten Ihr wahres Zuhause: den Palast des Buddha oder das Reine Land. Alles ist von Buddha-Qualitäten durchdrungen. Darin können Sie ruhen.

7

Das Wirkungsfeld

Inzwischen sind Sie angekommen an Ihrem Ziel, sei es Ihr Arbeitsplatz, das Haus eines Freundes bzw. einer Freundin, ein Konzertsaal oder eine Kneipe – wo auch immer Sie etwas erledigen müssen oder wollen. An all diesen Orten werden Sie irgendetwas tun, und wenn es nur zuhören oder zuschauen ist. Jeder Mensch hat so etwas wie ein Wirkungsfeld um sich herum: Wir sprechen und handeln, wir strahlen etwas aus und haben somit einen gewissen Einfluss auf unsere Umgebung. Die ideale Ausrichtung gemäß dem Mahayana ist, dass jede unserer Äußerungen, sei es durch körperliche Bewegung, durch Sprechen oder durch Denken, vom Wunsch durchdrungen ist, den Lebewesen zu nutzen. Dahin zu kommen ist natürlich ein Übungsprozess. Wiederum ist es möglich, mit Aufmerksamkeit und guten Wünschen zu beginnen. Versuchen Sie einfach, während Ihrer Tätigkeiten immer mal wieder von Herzen zu wünschen: „Möge mein

Wirken zum Wohle aller sein." Nicht bei jedem Ihrer jeweiligen konkreten Arbeitsvorgänge mag offensichtlich sein, wie dieser dem Gemeinwohl nutzen sollte. Trotzdem dürfen Sie diesen Wunsch hegen: „Mögen meine Handlungen für alle Lebewesen von Nutzen sein." Selbstverständlich gehen wir hier von einem Nutzen aus, der das Erwachen und die Befreiung der Lebewesen betrifft und mit Fürsorge und Mitgefühl für alle Lebewesen einhergeht.

Freundlichkeit ins weltweite Netz einspeisen

Mit Sicherheit kennen Sie Situationen, in denen Sie Gedanken und Gefühle von anderen „aufgefangen" haben und etwas gesagt oder getan haben, was ein anderer ebenfalls plante. Zuweilen ruft uns unerwartet ein Freund an, an den wir gerade eben noch gedacht haben, so als habe er unseren „gedanklichen Anruf" empfangen. Gemäß den Mahayana-Lehren des Avatamsaka-Sutra ist dies keineswegs verwunderlich. Denn wir sind in einem tiefen Sinne alle miteinander verbunden und verwoben, auch wenn wir uns manchmal von anderen und der Welt abgeschnitten und allein fühlen mögen. Wegen dieser wechselseitigen Verbundenheit ist es möglich, auch über Tausende von Kilometern hinweg miteinander Kontakt aufzunehmen und sich ganz nah zu fühlen.

Wegen dieser wechselseitigen Verbundenheit ist es auch von Belang, *was* wir in dieses Netz hineingeben, welche Impulse und Informationen wir in dieses Gewebe einspeisen. Denn, so lautet ein Sprichwort: „Wie man in den Wald hineinruft, so schallt es zurück." Auf das weltweite Netz angewandt, heißt das, dass die Information, die wir in dieses Netz hineingeben, irgendwann in ähnlicher Form wie eine Art Echo wieder zu uns zurückkehrt. Das ist eine stark vereinfachte, bildliche Umschreibung für das Gesetz von Ursache und Wirkung, oft verkürzt *Karma* genannt.

Warum also nicht etwas Positives in das Netz hineinschicken? Gute Wünsche eignen sich dafür hervorragend. Nötig sind jedoch keine „Schneeball-Mails" mit süßlichen Fotografien von Tieren und weisen Sprüchen, sondern lediglich die entsprechende innere Haltung. An jedem Computerarbeitsplatz werden täglich E-Mails verschickt. Wenn Sie auf „Senden“ klicken, senden Sie doch einfach innerlich einen freundlichen Gedanken für den oder die Adressaten mit.

Konkrete Wünsche Ihrem Beruf entsprechend

Je nachdem, in welchem Beruf Sie tätig sind, lassen sich mit Ihrer Arbeit auch konkretere Wünsche verknüpfen. Architekten, Bauunternehmer und Handwerker, die Häuser oder Straßen bauen, können ihre Arbeit verstehen als den Bau von Palästen für die Buddhas, die dort einziehen werden, oder von Transportwegen, die den Lebewesen die Reise zum Erwachen erleichtern.

Pädagogen können denken: „Möge dieser Unterricht eine Verbindung mit den Schülern und Studenten knüpfen, so dass ich ihnen zu einem späteren Zeitpunkt die reine und tiefgründige Lehre des Buddha vermitteln kann.“ Jemand, der Versicherungen verkauft, könnte wünschen: „Möge ich den Wesen wahren Schutz geben.“ Oder: „Mögen die Wesen ihren Schutz und ihre Zuflucht beim Buddha finden.“ Sie sehen: Der Phantasie sind keine Grenzen gesetzt. Aber hoffentlich spüren Sie auch, dass es nicht um bloße Phantasie geht. Es handelt sich um aufrichtige Wünsche, die das eigene Tun mit der Ausrichtung des Mahayana zum Wohle aller zu wirken, verweben und verknüpfen. Dieses Verweben ist wirkungsvoll, auch wenn sich dies erst viel später zeigen mag.

Eine Besonderheit ergibt sich bei Menschen in helfenden, heilenden und pflegenden Berufen. Sie leisten ohnehin schon Großartiges und oft genug Heldenhaftes für unsere schwachen, bedürftigen und kranken Mitmenschen, d.h. letztlich für uns alle. Sie verdienen unsere Hochachtung, unsere Dankbarkeit und unseren Respekt. Tagtäglich sind sie mit menschlichen Problemen und Nöten, mit Schmerz und Leid konfrontiert und geben meist ihre ganze Energie, die jeweiligen Nöte und Schmerzen zu lindern bzw. dies zumindest nach besten Kräften zu versuchen. Allerdings stoßen alle Helfer immer wieder an Grenzen. Diese

Grenzen bestehen letztlich darin, dass Schwierigkeiten, Probleme, Krankheit, Tod und Leid, einfach zum Leben gehören. Der Buddha hat dies in seiner ersten Edlen Wahrheit zum Ausdruck gebracht hat: Frustration, Unzufriedenheit, Probleme und Leid lassen sich nicht dauerhaft aus unserer bedingten Existenz entfernen. Ganz gleichgültig, wie sehr wir uns auch anstrengen mögen, zufriedenstellende Lebensbedingungen für uns und andere zu erlangen, es wird uns niemals vollständig und dauerhaft gelingen. Erst die Buddhaschaft bringt den Ausweg und die Befreiung aus diesem mit Leid verbundenen Kreislauf der Existenzen.

Falls Sie in einem helfenden oder pflegenden Beruf tätig sind, und damit bereits ganz praktisch und unmittelbar Menschen helfen und unterstützen, könnten Sie dies mit einem zusätzlichen Wunsch im Sinne des Mahayana verbinden: „Möge ich die eigentliche Ursache des Leidens der Menschen beheben.“ Oder: „Möge ich die Menschen aus der Gefangenschaft im Kreislauf der Existenzen und des Leidens herausführen.“

Sechs besondere Tugenden: Die Paramitas

Unser Wirken und Handeln beschränkt sich natürlich nicht auf den Beruf. Wir tun ja ständig etwas. Es gibt viele Möglichkeiten, unsere Handlungen mit buddhistischen Aspekten zu verknüpfen. Dazu bietet sich eine Gruppe von Verhaltensrichtlinien oder Tugenden an, die als Modell für das Verhalten von Bodhisattvas gelten: die Paramitas.

Der Begriff Paramita ist Sanskrit und heißt wörtlich etwa: über die Grenze gehen; das, was das andere Ufer erreicht. Oft wird er als *Vollkommenheit* oder *transzendente Tugend* übersetzt. Die Paramitas bezeichnen Tugenden, die ein(e) Bodhisattva, d.h. ein Wesen, das zum Wohle aller Erleuchtung verwirklichen möchte, auf dem eigenen Pfad zur Erleuchtung vervollkommnet. Meist werden sechs Paramitas genannt: Großzügigkeit *(dana),* ethisches Verhalten *(shila),* Geduld bzw. Akzeptanz *(kshanti),* Energie *(virya),* Meditation bzw. Versenkung *(dhyana)* und Weisheit *(prajna-paramita).*

Der Weg des Bodhisattva, sich im Denken, Fühlen und Handeln ganz nach dem Wohl der anderen zu richten, ist eine große Herausforderung, vor allem für unsere gewohnte Ichbezogenheit. Wir haben es hier also mit einem hohen Ideal zu tun. Entsprechend sind auch die Paramitas anspruchsvolle Richtlinien des Verhaltens. Es wäre wenig sinnvoll und kaum Erfolg versprechend, wenn Sie ein solches Handeln nun ab sofort von sich selbst verlangen würden. Mein Lehrer Rigdzin Shikpo wird nicht müde zu betonen, dass der buddhistische Weg ein Pfad des Übens ist und kein Weg der Vorschriften, mit denen man sich selbst unter Druck setzt und dabei womöglich Schuldgefühle entwickelt, weil man den hohen Idealen nicht zu genügen scheint. Ausschlaggebend sind die entsprechende Inspiration und die Ausrichtung, das Vertrauen, dass die Dinge sich schon richtig entwickeln werden, und die Geduld, wenn es nicht ganz so schnell geht, wie wir es gerne hätten.

Wir können uns den Paramitas dennoch nähern, und zwar mit einer Haltung der Bewunderung und der Inspiration. Zudem gilt, dass wir uns selbst und unsere Taten, die uns im Moment möglich sind, nicht gering achten sollten. Es geht hier ja gerade darum, unseren alltäglichen Handlungen mehr Sinn zu verleihen. Die Paramitas können auf verschiedene Weise und unterschiedlich tief betrachtet werden. Wir beginnen einfach mit dem Zugang, der uns vertraut ist. Beginnen wir mit der ersten Paramita: Großzügigkeit oder Gebefreudigkeit.

Geben und loslassen

Vielleicht denken Sie bei dem Ideal des Gebens oder der Großzügigkeit an großartige Taten der Selbstaufopferung, die für Sie selbst weit entfernt sind. Tatsächlich findet Geben aber in jedem Leben und überall statt, wir müssen nur genauer hinsehen: Wir geben einem Freund ein Geschenk zu dessen Geburtstag oder spenden Geld für einen guten Zweck. Bestimmt verschenken Sie auch regelmäßig ein Lächeln oder Freundlichkeit. Sie geben jemandem die Hand, geben Antwort oder einen guten Rat. Sie könnten jemandem *recht geben*, einer anderen Person *den Vortritt geben*, Ihrem Gegenüber *Raum oder Zeit geben* so zu sein, wie er oder sie eben ist. Sicherlich geben Sie manchen Personen auch Kraft und unterstützen diese, d.h., Sie geben jemandem Rückhalt oder Rückendeckung. Als Eltern geben Sie Ihren Kindern ein Zuhause und Sicherheit. Es lassen sich auch diverse Dinge *aufgeben*, z.B. eine falsche Anschauung oder schlechte Gewohnheiten. Und man kann sich selbst *hingeben*, etwa einer geliebten Person oder eben einem spirituellen Weg, wie dem Weg des Bodhisattva.

Alle diese Formen des Gebens, die Sie oft im Alltag praktizieren und auch bei anderen erleben, könnten Sie bewusster wahrnehmen und auf diese Weise den Akt des Gebens stärker würdigen, etwa mit dem Gedanken: „Es ist schön, dass es all diese Formen des Gebens gibt und dass sie überall um mich herum stattfinden." Stets lässt sich mit den verschiedenen Arten des Gebens gleichzeitig ein Stück unserer Ichbezogenheit aufgeben. Denn mit jedem Geben geht zumindest für einen Moment ein Loslassen einher. Die Bedürfnisse der anderen rücken für eine Weile in den Vordergrund. Genau dies ist die Inspiration, die mit der Paramita des Gebens verbunden ist. Auf weitere Aspekte dieser Tugend soll in Kapitel 9 „Geben und Empfangen" eingegangen werden.

Sich richtig verhalten

Bei der zweiten Paramita, Shila, d.h. ethisches Verhalten, richtiges und heilsames Handeln, geht es vor allem darum, keine Person, ja kein Lebewesen, als minderwertig, wertlos oder hoffnungslos abzutun oder ihm auf irgendeine Art zu schaden. Wir geben allen Menschen die gleiche Chance und bemühen uns auch bei denen, die uns schwierig erscheinen, immer wieder, offen zu sein und ihnen ohne Vorurteile und Vorbehalte zu begegnen. Wahrscheinlich geht es Ihnen da wie den meisten Menschen: Manchen Personen gegenüber nehmen wir tatsächlich eine solche, oft auf schlechten Erfahrungen begründete, voreingenommene Haltung ein. Das, was diese Menschen sagen, hören wir dann gar nicht richtig, sondern durch den Filter des Misstrauens und der Voreingenommenheit.

Wenn Sie sich dabei ertappen, dass Sie jemanden von vornherein ablehnen, weil Sie ihn für dumm, arrogant, asozial, gefährlich oder was auch immer halten, könnte Ihnen das eben beschriebene Ideal in den Sinn kommen. Der erste Schritt ist wirklich nur das Bewusstwerden: Hier bin ich nicht offen, hier bin ich vorsichtig, zurückhaltend, ablehnend oder gerate sofort in eine defensive Haltung. Allein schon die Erkenntnis, dass in der Interaktion mit dem Gegenüber Ihre eigene Voreingenommenheit eine wichtige Rolle spielt, verändert die Situation. Manchmal lässt sich das in einem Gespräch klären, gelegentlich können Sie sich auch ein wenig entspannen und dem anderen mehr Raum geben und ihm wirklich aufmerksam zuhören.

Geduld

Erwarten Sie auch sehr viel von sich selbst? Haben Sie den Anspruch an sich, als Bodhisattva im Umgang mit anderen stets freundlich und gelassen zu sein? Dies ist zweifellos eine positive Ausrichtung, nur gilt es gleichzeitig, auch eine realistische und geduldige Haltung einzunehmen.

Wenn man sich auf einen spirituellen Übungsweg begibt, passiert im Allgemeinen Folgendes: Man bemerkt immer deutlicher, wie viele (vermeintliche) Fehler man noch hat, wie wenig offen man in vielen Situationen ist und wie viele Vorurteile und Ängste man anderen gegenüber hat. Es ist, als habe man plötzlich ein Vergrößerungsglas in der Hand und die eigenen Fehler erscheinen darin riesig. Es könnte sogar sein, dass Sie sich eingestehen müssen, zuweilen arrogant, aggressiv und kleinlich zu sein. Das ist unangenehm, aber es entspricht Ihrem gegenwärtigen Stand. Es mag Sie trösten, dass alle Menschen so oder ähnlich sind. Wir alle haben diese verschiedenen Regungen in uns, gute und schlechte gleichermaßen.

Hier werden die Offenheit und die Geduld uns selbst gegenüber wichtig und die Erkenntnis, dass wir uns auf einen Prozess eingelassen haben, der noch eine geraume Zeit dauern wird.

Zu erkennen, dass uns nichts anderes übrig bleibt, als mit uns selbst Geduld zu haben, könnte als positive Nebenwirkung haben, dass wir auch mit anderen geduldiger werden. Denn die anderen können sich auch nicht so schnell verändern, wie sie es selbst gerne tun würden. Eine Prise Humor ist ebenfalls hilfreich: Versuchen Sie doch mal über sich selbst zu lächeln, wenn Sie sich wieder einmal erhitzt über andere aufregen.

Geduld ist somit für jeden spirituellen Weg unabdingbar, weil wir es dabei mit einem mitunter langwierigen Prozess zu tun haben. Erleuchtung per Knopfdruck ist nicht möglich. Eine weitere Nuance der Geduld ist Akzeptanz von Erkenntnissen und Einsichten. Wer regelmäßig meditiert und übt, kann Einsichten haben, die erhellend und befreiend sein können, aber nicht immer angenehm sind. Sie kennen den Ausdruck, dass man bestimmte Wahrheiten nicht „wahr haben" will, manchen Dingen nicht ins Auge blicken möchte. Sich der Wahrheit zu stellen, erfordert oft Mut und Stärke. Auch dies ist mit Geduld oder Kshanti gemeint.

Achten Sie einmal darauf, wie Sie mit unangenehmen Nachrichten oder persönlichen Wahrheiten, die Ihr Leben betreffen, umgehen. Wie lange brauchen Sie, um bestimmte Erkenntnisse zuzulassen, deren Wahrheit an sich heranzulassen und sie anzunehmen?

Durchhaltevermögen und zu Ihrem Wort stehen

Bei der nächsten Paramita, Virya, geht es um die Qualität der Absicht und um Durchhaltevermögen. Oft wird auch von Fleiß und Anstrengung, von Ausdauer und Entschlossenheit gesprochen. Wie eben angedeutet, ist der spirituelle Weg nicht nur mit Rosen ausgelegt, sondern wir treffen auch auf allerlei Unbequemes und Unangenehmes. Virya heißt nun, dass wir trotzdem weitergehen, ungeachtet aller Hindernisse und Schwierigkeiten.

Bestimmt brauchen Sie auch in Ihrem Alltag ein gewisses Durchhaltevermögen, sei es am Arbeitsplatz oder in Ihrem privaten Umfeld. Auch hier können Sie üben, sich von Hindernissen nicht so schnell entmutigen zu lassen. Wenn Sie einen Entschluss gefasst haben, können Sie diesen verbinden mit dem Entschluss des Bodhisattva, immer den Wesen zu dienen. Dementsprechend kann Ihre Kraft wachsen, begonnene Projekte oder Aufgaben zu Ende zu führen. Selbstverständlich gehen wir hier davon aus, dass es sich um Projekte handelt, die niemandem Schaden zufügen.

Eine weitere Tugend des Alltags, die heutzutage manchen altmodisch anmuten mag, gehört zu diesem Kontext: Halten, was man versprochen hat. Wenn Sie Ihr Wort geben, sollten Sie dazu stehen. Die Pflege der Kraft des eigenen Wortes ist auf dem Weg zum Erwachen von enormer Bedeutung, denn hier geht es um ein Versprechen auf tiefster Ebene, eine Art Schwur oder Gelübde. Eine Bodhisattva schwört: „Bei allem, was mir heilig ist, ich werde niemals von dieser Motivation, zum Wohle aller zu wirken, abrücken. Nicht einen Deut, nicht einen Millimeter." Und dieses Versprechen, diesen Schwur, verkündet die Bodhisattva laut und unerschrocken. Sie ruft ihn gleichsam ins Universum hinein und alle Wesen im Universum hören es und vertrauen auf die Ehrlichkeit dieses Schwurs und seine Umsetzung.

Im Alltag können Sie sich entsprechend dieser Ausrichtung so verhalten, dass andere sich auf Sie verlassen können. Sie handeln so, dass andere wissen: Ihre Aussagen sind ernst gemeint und Sie stehen zu Ihrem Wort!

Meditation: Konzentration und Einsicht

Die nächsten beiden Paramitas, Dhyana – Versenkung oder Konzentration – und die Prajna-Paramita, die Vervollkommnung der Weisheit, werden vor allem in der Meditation geübt.

Mit Dhyana fokussieren wir. Dhyana kann als ein Instrument angesehen werden, das die Grundlage für eine neue Weltsicht schafft. Mit Prajna kommen wir zu neuen Einsichten über die

Wirklichkeit. Beruhigung und Konzentration des Geistes (mit Dhyana) ist die Vorbedingung für das Anwachsen von Weisheit *(prajna)*.

Der Fokus im Mahayana ist, wie schon häufig erläutert, stets das Wohl der Lebewesen. Daher ist das Konzentrationsobjekt in diesem Kontext immer Mitgefühl oder eine andere erleuchtete Qualität. Diese Konzentration, die hier eher als vorbehaltloses Eintauchen oder Sicheinlassen auf die Bedürfnisse der Lebewesen zu verstehen ist, führt über mehrere Zwischenschritte zu Freude und Stabilität des Geistes. Dies ist die Vorbereitung für wirkliche Einsicht *(prajna)*, d.h. Einsicht in das Wesen der Dinge.

Was verstehen Sie persönlich unter Meditation? Vielleicht Entspannung oder „nichts denken"? Für viele Menschen im Westen ist neu, dass Meditation im buddhistischen Kontext eine ganz präzise Angelegenheit ist, in ihrer Genauigkeit vergleichbar mit der technischen Entwicklung im Westen. Jede Tradition des Buddhismus lehrt eine z.T. ganz spezifische Art der Meditation, mit entsprechendem Hintergrund, mit einer bestimmten Ausrichtung und einer genauen Technik. Es ist eine Wissenschaft des Geistes, die Menschen in Asien seit ca. 2500 Jahren in allen Details erkundet, vertieft und an sich selbst erprobt haben.

Nach Chögyam Trungpa Rinpoche heißt Meditieren nicht, sich tief in sich vor der Welt zu verstecken, sondern es bedeutet vielmehr, für alle Erfahrung ganz offen zu sein. Es ist ein Interesse, eine Hinwendung zur Erfahrung – nicht im Sinne von Anhaftung, sondern in dem Sinne, dass Erfahrung alles ist, was wir haben – und Erleuchtung letztlich nirgendwo anders zu finden ist als in der Unmittelbarkeit der direkten Erfahrung.

Da wir ständig Erfahrungen machen, sind die Aspekte von Dhyana und Prajna natürlich auch in allen unseren Erfahrungen vorhanden, wenn auch nicht in der Tiefe und Klarheit wie in der Meditation. Wenn Sie sich z.B. auf eine Aufgabe konzentrieren, ist das eine Form von Dhyana, und wenn daraus Erkenntnisse entstehen, ist dies der Aspekt von Prajna.

Bevor Sie sich also an eine neue Aufgabe machen, könnten Sie denken: „Möge der wahre Fokus meiner Arbeit das Wohl aller sein.“ Und: „Möge ich Einsichten in die Wirklichkeit der Welt erlangen, um den Wesen von Nutzen sein zu können.“

Häufig werden drei Arten von Prajna genannt: Prajna des Hörens der buddhistischen Lehren, Prajna des Nachdenkens über diese Unterweisungen und Prajna durch die Anwendung der Lehren, oft auch verkürzt als „Hören, Nachdenken und Meditieren“ bezeichnet. Hier gibt es eine offensichtliche Parallele zum Lernen im Allgemeinen. Wenn Sie ein neues Computerprogramm, den Umgang mit einem technischen Gerät, eine Fremdsprache oder eine neue Tanzbewegung erlernen wollen, geschieht dies meist in mehreren Stufen: Zunächst nehmen Sie das Neue durch Sehen, Hören oder Lesen auf oder dadurch, dass jemand das Entsprechende zeigt. Danach folgt eine Phase der inneren Verarbeitung der neuen Informationen. Schließlich setzen Sie das Erlernte um, Sie probieren es aus, üben es, ahmen es nach.

So lässt sich der Prozess des Erlernens jeder neuen Fertigkeit mit den drei Arten von Prajna verweben, indem Sie denken: „Möge ich dasjenige lernen und umsetzen, was der tiefen Wahrheit der Dinge entspricht und dem Wohle aller dient.“

Aus buddhistischer Sicht geht Prajna sehr tief. Letztlich ist damit die Einsicht in die Leerheit gemeint. Von der Ich-Illusion war schon öfter die Rede. Hier geht es um die tatsächliche Erfahrung, dass der Eindruck einer beständigen Ich-Instanz, die getrennt vom Rest der Welt ist und das eigene Handeln unter Kontrolle hat, nur eine Illusion ist. Aber die Einsicht geht noch weiter: Auch die Dinge um uns herum sowie alle Handlungen werden letztlich als „leer“ und ungreifbar durchschaut.

Das bedeutet, dass sich am Ende die letzte der Paramitas, die Weisheit oder Einsicht in die Leerheit, mit den anderen fünf Tugenden verbindet. Und erst dann, wenn dies geschieht, wenn also Einsicht in die Leerheit vorhanden ist, handelt es sich bei den ersten fünf tatsächlich um transzendente Tugenden, um Paramitas. Vorher waren es sozusagen nur gewöhnliche Tugenden: Man hat sich bemüht, sich angemessen zu verhalten. Mit der Einsicht in die Leerheit bekommt jedes Handeln und Wirken eine ganz andere Dimension. Es wird nun offenbar, dass Impulse des

Denkens, Fühlens und Handelns nicht etwa aus dem künstlich konstruierten Ich kommen, sondern aus einer anderen Quelle, jenseits des Ich.

Besonders im Dzogchen wird von Anstrengungslosigkeit gesprochen. In einem tiefen Sinne gibt es keine Ich-Identität, die all diese anstrengenden Aktivitäten ausführen könnte und daher geschieht in Wirklichkeit alles spontan, ohne Ehrgeiz und anstrengungslos (siehe auch Kapitel 16 „Nichtstun und Langeweile".)

Anknüpfungspunkte für Ihr Wirken im Alltag

Situation	Symbol oder Wunsch
Am Arbeitsplatz	„Mögen meine Tätigkeiten zum Wohle aller Wesen sein."
E-Mails verschicken	„Mögen alle Adressaten glücklich sein."
Wahrnehmen, wie andere etwas geben oder teilen	„Wie wunderbar, dass es die Tugend des Gebens gibt!"
Ein begonnenes Projekt zu Ende führen	„Genauso werde ich auch meine Absicht, alle Lebewesen zum Erwachen zu führen, in die Tat umsetzen!"
Etwas versprechen	„Ich halte dieses Versprechen, so wie ich auch das Versprechen, zum Wohle aller zu wirken, halten werde."
Sich auf eine neue Aufgabe ausrichten	„Möge der wahre Fokus meiner Handlungen das Wohl aller Lebewesen sein."

8

Kontakt mit anderen

„Liebhaben von Mensch zu Mensch:
das ist vielleicht das Schwerste, was uns aufgegeben ist,
das Äußerste, die letzte Probe und Prüfung, die Arbeit,
für die alle andere Arbeit nur Vorbereitung ist."

Rainer Marika Rilke,
Briefe an einen jungen Dichter, 1904

Grenzenlose und unparteiische Liebe und Mitgefühl für alle Wesen zu empfinden und entsprechend zu handeln, wird uns erst nach dem Erwachen möglich sein. Bis dahin sind wir auf dem Übungsweg und nähern uns diesem Zustand an. Dabei beginnen wir dort, wo es uns am leichtesten fällt: bei den Menschen, die wir gern haben.

Ihre Lieben als Buddha

Fragen Sie sich doch einmal: „Was, wenn meine Partnerin oder mein Partner, mein Kind, mein Vater oder meine beste Freundin tatsächlich Buddha wäre? Wie würde ich dann mit diesem Menschen umgehen?" Eine solche Überlegung kann dazu führen, dass Sie diesen Menschen mit anderen Augen sehen, aufmerksamer sind im Umgang mit ihm und genauer hinhören, was er oder sie sagt. Es erhöht vermutlich auch die Wertschätzung des gemeinsamen Moments mit dem geliebten Menschen.

Ihre Liebe zu Nahestehenden als Modell für universale Liebe

Weiterhin dient die Beziehung zu einem geliebten Menschen als Modell für die Beziehung zu allen Lebewesen. Im Idealfall lieben Sie Ihre Kinder, Ihre Eltern, Ihre Partnerin oder Ihren Partner. Oder zumindest haben Sie gute Freunde, die Ihnen sehr am Herzen liegen. Die Übung besteht darin, sich klarzumachen, dass alle Wesen dieser Welt Kinder sind, auch wenn sie bereits erwachsen sein mögen. Und so wie Ihre eigenen Kinder sehnen sich alle Lebewesen danach, sich in Liebe angenommen zu fühlen. Sie brauchen Fürsorge und Verständnis. Auch gibt es überall auf der Welt Menschen, die sich um ihre Eltern kümmern und diese, besonders im Alter, unterstützen. Genauso, wie Sie sich wünschen, dass Ihre Lieben glücklich sein mögen, so wünschen das überall auf der Welt unzählige andere Menschen für ihre Lieben.

Besonders die Liebe einer Mutter zu ihrem einzigen Kind wird im Buddhismus als Beispiel und Vorbild für die liebevolle Zuwendung zu anderen genannt. Im Moment mag Ihre Liebe noch auf Ihre Familie und Freunde begrenzt sein, aber das wird sich im Laufe des Übens ändern. Irgendwann werden Sie als Buddha universale Liebe unterschiedslos zu allen Lebewesen ausstrahlen. Gelegentlich können Sie einen Wunsch in diese Richtung formulieren: „Möge ich alle Lebewesen so lieben können, wie ich im Moment mein Kind liebe." Ein entsprechender Wunsch lässt sich formulieren, wenn Sie Ihrerseits sehr viel Liebe erhalten. „Mögen alle Wesen so geliebt und umsorgt werden wie ich selbst."

Freude im Zusammensein mit anderen

Sind Sie gern in Gesellschaft anderer Menschen? Nehmen Sie doch einmal bewusst die Vorfreude auf das Zusammensein mit Ihren „Lieben" wahr. Hebt nicht schon allein die Vorstellung, eine gemeinsame Zeit mit vertrauten Menschen verbringen zu können, Ihre Stimmung und bringt Sie zum Lächeln? Diese Freude ist ein großes Glück, das Sie gerne auch anderen wünschen können: „Mögen alle Wesen solche Freude erfahren." Und genießen Sie dann in vollen Zügen die Gemeinschaft mit anderen, den Austausch, den Kontakt, die Freundlichkeit und Vertrautheit, die Freude des Zusammenseins!

Vermutlich sind im Kontakt mit diesen vertrauten Personen am ehesten Offenheit und Zuwendung möglich. Die Übung mit den uns nahestehenden Menschen besteht u.a. darin, sie immer wieder mit neuen Augen zu betrachten und ihre Gegenwart nicht als selbstverständlich vorauszusetzen. Auch wenn wir meinen, unsere Lieben gut zu kennen, sollten wir offen sein und ihnen jeden Tag von Neuem die Chance geben, sich zu verändern und zu entwickeln, und sei es in einer Weise, die uns überrascht oder nicht gefällt.

Wie präsent sind Sie im Kontakt mit Ihren Lieben? Wie viel „Buddha" sind Sie bereit, im anderen wahrzunehmen? Versuchen Sie doch einmal bewusst, die erleuchteten Qualitäten Ihres Gegenübers zu spüren. Schauen Sie ihm in die Augen, öffnen Sie sich ganz und nehmen Sie die Schönheit im anderen wahr. Und hören Sie vor allem zu! Würden Sie, wenn ein Buddha vor Ihnen säße, nicht aufmerksam jedem seiner Worte lauschen? Entsprechend aufmerksam können Sie sich den Worten Ihrer Lieben zuwenden. Die Freude und Innigkeit, die aus solcher Offenheit und liebevollen Aufmerksamkeit entstehen, können Sie wiederum allen Lebewesen wünschen: „Mögen alle Lebewesen eine solche Freude im Kontakt mit anderen erfahren!"

Wenn die Übung, im anderen Buddha zu sehen, zu schwer erscheint, dann erfreuen Sie sich doch am wirklichen Menschsein Ihres Gegenübers. Denn spirituelles Erwachen können wir auch verstehen als die vollständige Entfaltung unseres wahren Menschseins.

Das Spiel von Nähe und Distanz

Wie sieht Ihr ganz persönliches Spiel zwischen Nähe und Distanz aus? Wie viel körperliche und emotionale Nähe suchen bzw. ertragen Sie im Kontakt mit Ihrer Familie, Ihren Freunden, in Ihren Liebesbeziehungen? Für viele Menschen ist dieser Pegel in Bewegung: Mal möchten sie viel Kontakt, mal weniger. Hier spielt wieder die Offenheit, auch für Ihre eigenen Bedürfnisse, eine wichtige Rolle. Zusätzlich ist es hilfreich, Vertrauen in Ihre jeweilige Beziehung zu haben. Ohnehin sind wir alle in einer tiefen Weise miteinander verbunden und vernetzt. Eine intensivere Beziehung bedeutet auch stärkere Bande. Auch wenn sich eine geliebte Person zeitweise ein wenig von Ihnen zu entfernen droht, brauchen Sie nicht in Panik zu geraten, sondern Sie können sich entspannen: Die tiefe Verbundenheit bleibt auf jeden Fall bestehen.

Konflikte bleiben selbst mit den uns vertrauten und geliebten Menschen nicht aus. Doch weil wir die Basis der Liebe spüren und aufrechterhalten wollen, sind wir hier bereit, aufrichtig nach Auswegen und Kompromissen zu suchen. In solchen Beziehungen gelingt es uns am ehesten, zwischen dem Verhalten eines Menschen und seiner gesamten Persönlichkeit zu unterscheiden. Vielleicht hat etwas, das Ihr Partner oder Ihre Partnerin zu Ihnen gesagt hat, Sie verletzt oder verärgert. Bestimmt werden Sie das ansprechen und versuchen, den entstandenen Missklang zu beheben. Gleichzeitig vergessen Sie aber nicht, dass Sie diesen Menschen lieben und er oder sie viele wunderbare Qualitäten hat, ja sogar Buddha-Qualitäten!

Intime Liebesbeziehungen

In intimen Liebesbeziehungen gibt es zusätzliche, besondere Möglichkeiten der Offenheit, der Hingabe und des Auslotens von Grenzen in einem vertrauten und vertrauensvollen Rahmen und im gegenseitigen Respekt. Im Idealfall können Sie sich Ihrem Liebespartner so zeigen, wie Sie wirklich sind, ohne oder fast ohne

Maske. Beim Sex ist ein Loslassen der Ich-Kontrolle möglich, eine Verschmelzung mit „dem Anderen" in Leidenschaft und Glücksempfinden. All diese Lust, Leidenschaft und Ekstase lässt sich in unserem Kontext auch als eine Gabe an die Buddhas begreifen.

Freund oder Feind?

Wie halten Sie es mit der Einteilung Ihrer Mitmenschen in Freund oder Feind? Gilt für Sie der Grundsatz: „Wer nicht für mich ist, ist gegen mich"? Im Allgemeinen neigen wir dazu, Menschen in Schubladen zu stecken, die einem groben Raster von „Freund", „Feind" und „Fremder" bzw. „nicht wichtiger Mensch" entsprechen. Wir stufen diejenigen als Freunde ein, die unser Ichgefühl unterstützen und stärken, während wir diejenigen, die uns kritisieren, herausfordern oder angreifen, schnell als Feinde abstempeln. Wer weder das eine noch das andere tut, ist für uns nicht interessant und wir meinen, ihn getrost ignorieren zu können.

Überlegen Sie einmal in Ruhe, welche Menschen Sie in Ihrer Umgebung als Freund oder Feind einstufen und wen Sie unwichtig finden und deshalb nicht weiter beachten. Wie sind Sie zu dieser Einteilung gekommen? Und haben Sie im Laufe Ihres Lebens schon einmal einen Menschen aus der Schublade „Freund" herausgenommen und in die Schublade „Feind" gesteckt, oder anders herum? Wenn ja, wie ist es dazu gekommen?

Wiederum sind Ehrlichkeit und Geduld mit uns selbst angebracht. Wer kann schon von sich behaupten, keine Feinde zu haben bzw. manche Personen nicht als Gegner zu empfinden? Hier gibt es für uns ein großes Übungsfeld, auf dem wir nach und nach lernen können, uns auf die positiven Qualitäten derjenigen zu besinnen, die uns kritisieren oder verärgern. Und ist es nicht so, dass uns gerade Kritik oder Verärgerung zuweilen aus der Reserve locken, Erstarrtes aufweichen und uns auf ganz neue Ideen bringen?

In Wirklichkeit ist natürlich auch Ihre vermeintliche Feindin eine Buddha. Wenn Sie geübter darin sind, in Ihren Freundinnen selbst in schwierigen Situationen die Buddha zu sehen, können Sie diese Haltung allmählich auch auf neutrale Menschen und schließlich auf „Feinde" übertragen. Dies mag aber eine ganze Weile dauern. Erwarten Sie bitte keine schnellen Fortschritte von sich selbst.

Reaktionen auf Knopfdruck abstellen

Die große Kunst im Umgang mit anderen besteht u. a. darin, zu unterscheiden, was andere tun oder sagen und wer sie ihrem Wesen nach sind. Wenn jemand Sie verärgert oder verletzt, bedeutet das nicht, dass der andere grundsätzlich ein Ärgernis ist. Er hat nur etwas geäußert, das in Ihnen eine bestimmte Reaktion ausgelöst hat. Und nun kommt eine unangenehme Wahrheit: Für diese Reaktion sind ganz allein Sie selbst verantwortlich!

Hier hält der Buddha gleichsam ein Vergrößerungsglas auf unsere eigenen Verhaltensmuster: Diese Muster und Tendenzen bringen wir mit, wir tragen sie mit uns herum, wie eine Art Gepäck oder Maschinerie. Menschen und Situationen, die uns begegnen, drücken bestimmte Knöpfe in dieser Maschinerie und lösen damit unsere gewohnten, gespeicherten Reaktionen aus. Dann sind wir verletzt und deprimiert oder empört und verärgert und fühlen uns dabei meist nicht sehr wohl in unserer Haut. Die Schuld dafür geben wir demjenigen, der den Schalter betätigt hat, übersehen aber dabei, dass wir selbst es waren, die die ganze Maschinerie, einschließlich des Schalters, konstruiert und in Gang gehalten haben. Wir haben dem anderen den Schalter gleichsam hingehalten und angeboten.

Diese künstliche Konstruktion hielten wir bislang für unsere Persönlichkeit, für unser Ich, und entsprechend schwer fiel es uns, auf die gewohnten, eingefahrenen Verhaltensweisen zu verzichten. Es kann eine enorme Erleichterung sein, zu erkennen: „Ich *muss* gar nicht so reagieren. Ich *kann* auch einmal etwas ganz anderes ausprobieren."

Die Maschinerie der gewohnten Verhaltensweisen funktioniert allerdings ziemlich gut, so dass es eine Weile dauern wird, bis Sie dem Druck auf den einen oder anderen Reaktionsknopf nicht mehr blind folgen werden. Seien Sie hier gnädig und liebevoll nachsichtig mit sich – und natürlich auch mit anderen.

Wie lassen sich diese Reaktionen auf Knopfdruck nun abstellen? In einer konkreten Konfliktsituation ist dies anfänglich sehr schwer, fast unmöglich. Deshalb empfiehlt es sich, zunächst außerhalb solch schwieriger und vielleicht aufreibender Begegnungen zu beginnen, beispielsweise mit folgenden Betrachtungen: „Wer darf mich eigentlich kritisieren?" „Welche Kritik kann ich von welcher Person annehmen?" Auch wenn zwei Menschen das Gleiche zu uns sagen, wirkt das für uns oft ganz unterschiedlich. Dem „Freund" gestehen wir manches zu, was wir dem „Feind" nie erlauben würden. Ist das für Sie ähnlich?

Selbstverständlich dürfen Sie sich, wie oben bereits vorgeschlagen, in einer ruhigen Minute auch daran erinnern, dass Ihr vermeintlicher Feind, wie alle Lebewesen, im Grunde ein Buddha ist. Früher oder später wird Ihr Feind, wie Sie selbst auch, sich tatsächlich als Buddha offenbaren. Auf dieser Ebene wird es keine Zwistigkeiten zwischen Ihnen mehr geben. Warum das Kriegsbeil also nicht schon jetzt begraben?

Umgang mit starken Emotionen

Übende auf dem buddhistischen Weg sind zuweilen enttäuscht von sich selbst. Man hört Aussagen wie: „Jetzt meditiere ich schon viele Jahre lang und werde immer noch wütend, wenn mich jemand ärgert." Nun, vielleicht haben diese Menschen die Wirkungskraft der oben beschriebenen Maschinerie unterschätzt. Aus buddhistischer Sicht reagieren wir schon sehr, sehr lange, unzählige Lebenszeiten hindurch, nach solchen eingefahrenen Mustern und es ist entsprechend viel Zeit, Anstrengung und Geduld nötig, uns davon zu befreien. Daher ist zuweilen von einem „Ent-Lernen" die Rede, oder, wie Rigdzin Shikpo es formuliert, auch von einem „Entwöhnen". Es geht darum, endlich erwachsen zu werden und für unsere Reaktionen die Verantwortung zu übernehmen, anstatt ständig blind und dumpf den alten Gewohnheiten und Mustern zu folgen. Unsere Lehrer und Lehrerinnen und die Gemeinschaft der Übenden unterstützen uns dabei. Im Alleingang ist dies kaum möglich.

Der Ansatz in diesem Buch beinhaltet allerdings weder eine Unterdrückung noch ein Kontrollieren von Emotionen. Vielmehr ist, wie immer, eine offene und freundliche Hinwendung angeraten. Eine solche Hinwendung zu allem, was in uns auftaucht, kann tatsächlich nur durch regelmäßige Meditation über eine lange Zeit hinweg eingeübt werden. Das führt zu einer allmählichen Änderung unserer Grundeinstellung, die sich nach und nach auf den Alltag auswirken wird. Wiederum spielt dabei die Disziplin der Offenheit eine entscheidende Rolle.

Sich einer starken Emotion bewusst zu sein, nicht dem anderen die Schuld zu geben, sondern ganz bei der Wahrnehmung der Emotion zu bleiben und ihr auch nicht einfach Luft zu verschaffen – das erfordert wahrlich große Disziplin. Denn es geht darum, sich der Wucht der Emotion, sei es nun Ärger, Gier, Neid, Stolz oder was auch immer, zu stellen und sie auszuhalten. Wie könnte das gehen?

Wichtig ist, sich zunächst auf die körperlichen Empfindungen der Emotion zu konzentrieren: Wo spüren Sie die Gier oder den Ärger im Körper? Im Bauch? Zieht es, brennt es, wird Ihnen heiß, verändert sich Ihr Pulsschlag? Wollen Sie am liebsten aufspringen und weglaufen? Es geht also darum, ganz in die Emotion einzutauchen im Sinne des körperlichen Erlebens und der damit verbunden inneren Gefühle – aber eben ohne blind zu reagieren.

Im buddhistischen Tantra spricht man von Umwandlung oder Transformation von Emotionen, d.h. man lernt, die in den Emotionen enthaltene enorme Energie aus der Negativität herauszukristallisieren und sie für den spirituellen Weg zu nutzen. Aus dem eben Erklärten wird deutlich, dass dies kein leichter Weg ist und auf gar keinen Fall eine Entschuldigung dafür sein darf, der Emotion freien Lauf zu lassen – zum Schaden anderer. Andererseits besteht diese Methode auch nicht darin, die Emotion unter einem Deckel zu halten.

Die Disziplin der Offenheit ist hier der Weg: Wir lassen die Wucht der Emotion zu, wir spüren sie, wir reiten gleichsam auf ihr – aber, im Idealfall, ohne um uns zu schlagen und zu treten bzw. ohne in Selbstmitleid zu versinken. Wellenreiten ist ein Bild dafür: Wir fallen ziemlich oft vom Surfbrett und schlucken viel Wasser, bis uns ein Ritt auf der Welle der Emotion gelingt. Der gelungene Ritt wird Freude bereiten (siehe den Abschnitt „Spiel, Geschicklichkeit und Schönheit" in Kapitel 15). Wohin reiten oder gleiten wir? – natürlich zum Erwachen zum Wohle aller. Dies können Sie wieder mit einem Wunsch ausdrücken. Wenn Sie mitten drin stecken in Ihrem Versuch, mit Ihren starken Emotionen auf die oben beschriebene Weise umzugehen, es aber noch nicht so ganz klappt, denken Sie einfach: „Möge es mir in Zukunft gelingen, diese starke Energie zum Wohle aller einzusetzen."

Was ist nun mit positiven Emotionen wie Freude, Glück, Ekstase? Auch auf diesen Emotionen lässt sich gleichsam reiten und deren Energie kann für andere eingesetzt werden. Zunächst können Sie wiederum wünschen: „Mögen alle Wesen solche Freude erleben!" Freude und Glück erheben uns, machen uns leichter und wir schweben durch das Leben. All dies ist wunderbar, solange wir uns an diesem Zustand nicht berauschen und ihn festhalten wollen. Wenn uns ein anderer Mensch die Freude zu verderben scheint und wir deshalb ärgerlich werden, ist Vorsicht angeraten. Letztlich gilt es, jede Emotion zwar einerseits wach und vollständig zu erfahren, sie aber andererseits auch nicht überzubewerten. Das Auf und Ab der Gefühle ist einfach Teil des Spiels des Lebens.

Anknüpfungspunkte für den Umgang mit anderen

Situation	Anknüpfung oder Wunsch
Sie spüren die große Liebe zu Ihren Kindern, Eltern oder Partner/in.	„Möge ich alle Lebewesen so lieben können, wie ich jetzt mein Kind … liebe."
Sie empfangen Liebe und Zuneigung von anderen.	„Mögen alle Lebewesen solche Liebe empfangen."
Vorfreude auf das Zusammensein mit lieben Menschen.	„Mögen alle Lebewesen solche Freude erfahren."
Jeder Kontakt mit anderen	Versuchen Sie, im anderen Buddha zu sehen. Hören Sie gut zu, was der Buddha zu Ihnen sagt.
Ein lieber Menschen distanziert sich von Ihnen.	Erinnern Sie sich an die tiefe Verbundenheit und das Netz der wechselseitigen Beziehungen mit allen Lebewesen.
Konflikte mit Mitmenschen	Vergessen Sie nicht, dass Ihr Gegenüber, wie Sie selbst auch, Buddha ist.
Sie erleben jemanden als „Feind".	Erinnern Sie sich, wie veränderlich Ihre Einteilung in „Freund" und „Feind" ist.
Sie erleben starke Emotionen.	„Möge es mir gelingen, die Energie dieser Emotion zum Wohle aller Lebewesen einzusetzen."

9

Geben und Empfangen

Wir alle teilen jeden Tag bestimmte Dinge mit anderen: den Wohnraum, Speisen und Getränke, die Sitzbank in der Straßenbahn, das Büro oder die Werkhalle, die Stadt, die Umwelt, die Erde. Niemand von uns kann die Welt für sich allein in Anspruch nehmen. Allein schon durch die Luft, die wir alle ein- und ausatmen, sind wir auf höchst intime Weise miteinander verbunden. Diese Verbundenheit können wir würdigen und pflegen, indem wir bewusster teilen und geben. Mit jedem noch so kleinen Geben lassen wir, zumindest für einen Augenblick, einen Teil unserer Ichbezogenheit los und wenden uns ganz dem Anderen zu. Dies macht das Geben so bedeutungsvoll auf dem spirituellen Weg: Es fördert letztlich die Ablösung von der Ich-Verhaftung und legt den Grundstein dafür, dass wir uns in der Zukunft, als wirkliche Bodhisattvas und schließlich als vollendete Buddhas, ganz dem Wohle der Wesen hingeben können.

Wie in Kapitel 7 erläutert, ist Freigebigkeit oder Dana die erste der sechs transzendenten Tugenden, der Paramitas. Freigebigkeit gilt als Mittel gegen Gier, Geiz und Anhaftung, d.h. gegen das erste der drei grundlegenden Geistesgifte oder Kleshas.

Großzügigkeit – das Geben, Teilen und Schenken, insbesondere auch das Darbringen von Gaben für die Buddhas und große Lehrer, hat im Buddhismus einen solch hohen Stellenwert, dass diesem Thema ein eigenes Kapitel gewidmet werden soll.

Kleine Gesten des Gebens im Alltag

Wie lässt sich Dana im Alltag anwenden? Ihre Aufmerksamkeit könnte z.B. heute darauf gerichtet sein, wo in Ihrem Umfeld Geben und Teilen stattfinden. Sobald Sie dafür wacher sind, werden Sie mit Sicherheit fündig: Beispielsweise erklärt auf der Straße ein Ortskundiger einem Fremden, wie er an sein Ziel kommt; im Zug überlässt ein Reisender einem alten Mann seinen Sitzplatz; ein Pendler wirft im Vorübergehen einem Bettler eine Münze in den Becher; zwei Freundinnen sprechen und lächeln sich an; jemand hält Ihnen die Tür auf oder gibt Ihnen die Hand zur Begrüßung. Unzählige kleine Gesten des Gebens finden täglich um uns herum statt: Wir können sie wahrnehmen und wertschätzen, z.B. mit dem Gedanken: „Wie schön, dass dieses Geben stattfindet." Oder: „Wie wunderbar, dass sich Menschen gegenseitig helfen und unterstützen."

Wenn Sie selbst in ähnliche Situationen geraten, lässt sich dies wiederum mit einigen Wünschen verbinden. Fragt Sie jemand nach dem Weg und Sie geben Auskunft, können Sie denken: „Möge ich diesem Menschen und allen Lebewesen den Weg zum Erwachen weisen." Oder halten Sie doch einmal jemandem die Tür auf mit dem Gedanken: „Möge ich dir das Tor zur Buddhaschaft öffnen können." Dazu ein kurzer Blickkontakt, ein Lächeln – und Sie haben eine wertvolle Verbindung geknüpft. Vielleicht nehmen Sie gelegentlich einen Bekannten in Ihrem Auto mit. Wohin fahren Sie ihn wohl? Natürlich zur Buddhaschaft!

Auch das Teilen gehört hierher: Wenn Sie mit Freunden zusammen sind, werden Sie sich eine Schachtel Pralinen oder eine Flasche Wein sicher nicht allein zu Gemüte führen, sondern Sie werden sie mit den anderen teilen. In einem tieferen Sinne teilen wir alle die Buddha-Natur miteinander, ohne dass sie irgendeinem von uns persönlich gehört. Sie können in solchen geselligen Runden zusätzlich daran denken, dass Sie nicht nur die konkreten Leckereien, sondern großzügig all die positiven Qualitäten mit anderen teilen, die spontan aus der Buddha-Natur in Ihrem Inneren hervorquellen.

Buddha als Ihr Ehrengast

Besonders gut geeignet für die Übung des Gebens ist die Situation als Gastgeberin. Stellen Sie sich vor, Sie haben eine sehr geschätzte Freundin zu sich nach Hause zum Essen eingeladen. Weil Ihre Freundin in Wahrheit Buddha ist, wird gleich die Buddha vor Ihrer Tür stehen. Wie würden Sie eine Buddha empfangen? Was würden Sie ihr anbieten und wie würden Sie sich in ihrer Gegenwart verhalten?

Hier hilft uns die Mahayana-Tradition, in der die Gaben für die Buddhas besonders üppig sind. Im Meditationsraum befindet sich ein Schrein, auf dem den Buddhas täglich bestimmte Gaben dargebracht werden. Diese werden oft durch mit Wasser oder Reis gefüllte Schälchen symbolisiert und ahmen die Art der Begrüßung nach, die man im alten Indien einem Gast zuteilwerden ließ, der zu Fuß einen langen Weg auf einer staubigen Straße zurückgelegt hatte: Man bietet ihm zuerst Wasser zum Trinken an, danach wäscht und salbt man ihm die Füße, dann legt man ihm einen Blumenkranz als Willkommen um. Als Nächstes führt man ihn ins Haus, in dem Räucherwerk eine angenehme Atmosphäre verbreitet und man zündet Lichter an, um die Räume zu erhellen. Duftwasser wird verspritzt oder vielleicht wird dem Gast auch ein feines Parfüm angeboten. Dann wird er zu Tisch gebeten, wo ihm wohlschmeckende Speisen und Getränke gereicht werden. Im Hintergrund ertönt wohlklingende Musik.

Genau betrachtet unterscheiden sich unsere heutigen Gepflogenheiten nicht wesentlich von diesem Brauch: Mancher Gast streift sich die Schuhe an der Fußmatte an der Schwelle des Hauses ab. Und meist bietet der Gastgeber als Erstes etwas zu trinken an. Wenn wir Freunde zum Essen einladen, schmücken wir den Tisch gern mit Kerzen und Blumen. In den letzten Jahren sind Duftlampen sehr in Mode gekommen, die dem ganzen Raum eine bestimmte Duftnote verleihen. Und auch heutzutage spielen wir oft im Hintergrund entspannende Musik, wenn wir mit Freunden speisen. Vielleicht fällt es Ihnen also gar nicht schwer, Ihren Gast als eine Buddha zu erleben und sie entsprechend zu behandeln und zu bedienen. Versuchen Sie es doch einmal!

Es sind im Grunde die kleinen, höflichen Gesten, die den Unterschied machen. Führen Sie Ihren Gast freundlich in Ihr Wohnzimmer und bieten Sie ihm den besten Platz an, den Ehrenplatz eben. Schenken Sie das Getränk in ein besonders schönes Glas ein und stellen Sie sicher, dass Ihr Gast es sicher und bequem halten und abstellen kann. Fragen Sie ihn nach seiner Reise, seinem Befinden, seinen Bedürfnissen. So behandeln Sie Ihre Gäste ohnehin? Wunderbar, dann brauchen Sie sich nur gelegentlich daran zu erinnern, dass Ihr Gast Buddha ist.

Schenken ohne Erwartungen

Selbstverständlich gibt es viele weitere Anlässe des Gebens und Schenkens, wie etwa Geburtstage, Jubiläen oder der Abschied eines Arbeitskollegen. Gelegentlich bringen Sie kleine Geschenke mit, wenn Sie selbst eingeladen sind, oder Sie nehmen christliche Feste wie Weihnachten und Ostern zum Anlass, etwas zu verschenken. Immer wenn Sie etwas schenken, können Sie damit die Übung verbinden, das Geschenk ganz und gar loszulassen. Denn tatsächlich erwarten wir häufig etwas im Gegenzug: Dankbarkeit, Freude, Lob, ein bestimmtes Verhalten. Als Bodhisattvas üben wir hingegen, spontan zu geben, weil wir das Wohl der anderen im Auge haben, nicht um uns selbst gut zu fühlen und uns selbst auf die Schulter zu klopfen. Aber wie alles ist das ein Übungsweg, den wir nur Schritt für Schritt gehen können.

Wie am obigen Beispiel des Bedienens eines Gastes schon gezeigt, werden angenehme Dinge im Mahayana durchaus als etwas Positives betrachtet – solange man nicht gierig nach ihnen strebt oder geizig an ihnen festhält. Darum übt sich ein Anhänger des Mahayana darin, immer, wenn ihm etwas Positives widerfährt, es allen Wesen zu widmen. Das könnte ein körperliches oder psychisches Wohlgefühl sein, Freude über irgendetwas, oder der Genuss von angenehmen Dingen. Bokar Rinpoche empfiehlt in seinem Buch *Die tägliche Praxis*, dass wir in glücklichen Momenten den Wunsch äußern: „Möge das Glück den gesamten Raum ausfüllen." Damit teilen wir unser Glück mit allen.

Eine weitere, schon mehrmals genannte Art des Übens besteht darin, alles Glück und jeglichen angenehmen Sinneseindruck den Buddhas als Gabe darzubringen. Natürlich brauchen die Buddhas unsere Gaben nicht, sie sind nicht bedürftig. Es geht wie beim Bedienen des Ehrengastes um die Geste der Verehrung und der Hingabe. Vielleicht können Sie sich mit diesem Gedanken anfreunden und wollen einmal versuchen, Ihre Sinneserfahrungen den Buddhas zu schenken?

Drei Arten von Gaben

Erläuterungen zu der bereits mehrfach erwähnten transzendenten Tugend oder Paramita des Gebens beschäftigen sich damit, welche Dinge am besten gegeben werden und mit welcher Motivation. Drei Arten von Gaben werden genannt: materielle Dinge, Freiheit von Furcht und Dharma, also die Lehre des Buddha. Materielles zu geben ist uns vertraut, was aber könnte das Geben von „Freiheit von Furcht" und „Dharma" für uns bedeuten?

Freiheit von Furcht zu ermöglichen, könnte z.B. sein, dass Sie Ihr Kind beruhigen, wenn es schlecht geträumt oder Angst vor der Dunkelheit hat. Vielleicht reden Sie auch einem Freund gut zu, dem am nächsten Tag ein schwieriges Gespräch mit seinem Chef bevorsteht. Manchmal hilft es schon, wenn Sie jemandem einfach zuhören – d.h., Sie geben Ihre Zeit, Ihre Aufmerksamkeit, Ihre Offenheit. Sie zeigen sich als jemand, dem man vertrauen kann und vor dem sich andere auch mal schwach zeigen dürfen.

Sicherlich kennen Sie aus eigener Erfahrung Situationen, in denen Sie sich unsicher oder beklommen fühlten, z.B. vor einer heiklen Untersuchung im Krankenhaus oder in einem fremden Land, dessen Zugsystem Sie zu enträtseln versuchten. Dann wissen Sie auch, wie gut es tut, einfach ein Lächeln oder ein freundliches Wort zu bekommen. Dann legen sich die Aufgeregtheit und die Unsicherheit ein wenig und man fühlt sich nicht so allein. Jeder von uns kann ohne Weiteres solche kleinen Hilfen und Freundlichkeiten mit dem Gedanken geben: „Mögen die anderen frei von Furcht sein."

Selbstverständlich können Sie sich auch in größerem gesellschaftlichen Rahmen dafür engagieren, dass Menschen keine Angst haben müssen. Beispiele dafür sind: ein Frauenhaus zu unterstützen, in dem Frauen und Kinder Schutz vor häuslicher Gewalt finden können, oder Organisationen, die sich für die Gewährung von Asyl für die in ihrem Herkunftsland zu Unrecht verfolgten Menschen einsetzen.

Aus der Sicht des Buddhismus gilt Dharma zu geben, d.h. die Lehre des Buddha zu verkünden, zu unterrichten, zu lehren – durch Worte oder durch Beispiel – als besondere Form der Großzügigkeit. Der Grund dafür ist, dass die Lebewesen letztlich nur dadurch aus dem Kreislauf der Existenzen und des Leidens herauskommen können, dass sie dem Weg des Buddha folgen. Anderen zu zeigen, dass es einen solchen Pfad der Befreiung gibt und sie auf diesem Pfad an die Hand zu nehmen und sicher zu geleiten, gilt als besonders wertvoll. „Wie soll ich das machen?", fragen Sie sich vielleicht. „Wie soll ich, der ich selbst noch mitten im Sumpf stecke, andere herausziehen?"

Zum einen wirken Sie durch Ihr Beispiel. Wenn Sie Ihren spirituellen Weg beharrlich weitergehen und regelmäßig meditieren, wird dies ausstrahlen. Menschen in Ihrer Umgebung werden Ihnen Fragen stellen zur Meditation und Ihrer Ausrichtung.

Zum anderen kann „Dharma“ auch ganz allgemein „Wahrheit“ bedeuten. In einem weiteren Sinne könnten wir „Dharma geben“ verstehen als „andere in Richtung Wahrheit führen“. Und dazu gibt es viele Gelegenheiten. Denn es darf sich auch um scheinbar kleine Wahrheiten handeln: Sie könnten Freunde auf eine andere Sicht eines bestimmten Problems oder einer konkreten Situation aufmerksam machen und damit neue Lösungswege eröffnen. Es lässt sich vielleicht auch jemand darin bestärken, Vergangenes wirklich loszulassen – z.B. einer beendeten Beziehung nicht ewig nachzutrauern oder sich wegen eines Missgeschicks nicht endlos mit Selbstvorwürfen zu zerfleischen. Weiterhin könnten Sie einen Ihnen nahestehenden Menschen ermutigen, dass er mehr auf sein Herz hört und in seinem Leben möglicherweise andere Prioritäten setzt als bisher. Solche Dinge sind für jeden möglich, sollten jedoch mit Feinfühligkeit und Vorsicht vorgebracht werden und ohne den Anspruch, es besser zu wissen. Denn wird sind ja alle Übende und Suchende.

Geben als transzendente Tugend

Wie eben schon angedeutet, wäre es ideal, beim Geben und Schenken keinerlei Dank oder bestimmte Verhaltensweisen als Gegenleistung zu erwarten. Man soll gemäß buddhistischer Auffassung gerne und mit Freude geben, d.h. nicht verächtlich oder von oben herab. Die Gaben oder Geschenke sollen möglichst persönlich und mit beiden Händen überreicht werden. Und dann sollte man das Geschenk ganz und gar loslassen und den Beschenkten nicht weiter beobachten, was er nun wohl mit unserem wertvollen Geschenk anstellt. Einem geübten Mahayana-Anhänger wird empfohlen, das Schenken mit dem inneren Verständnis auszuführen, dass Schenkender, Beschenkter und der Vorgang des Schenkens allesamt leer sind. Das bedeutet, dass eine Ich-Identifikation und eine Trennung von „ich“ und „anderer“ dabei nicht nötig sind und dass das Schenken in Wirklichkeit von allein stattfindet, ganz natürlich und spontan, ohne unser ichbezogenes Zutun.

Würde uns das gelingen, wäre unsere Großzügigkeit dann tatsächlich eine transzendente Tugend, eine Paramita. Es versteht sich von selbst, dass es einige Übung erfordert, um zu einer solchen Haltung zu kommen.

Großzügigkeit in ihrer Vollkommenheit drückt sich auf erleuchteter Ebene als eine Buddha-Qualität aus, die Ratna, wörtlich „Juwel", genannt wird. Ein außergewöhnliches Juwel ist damit gemeint, ein „Wunsch erfüllendes Juwel", das die Bedürfnisse und Wünsche aller Lebewesen erfüllt. Chögyam Trungpa Rinpoche beschreibt Ratna als

> *„… so reif und erdig wie ein riesiger Baum, der zu Boden gestürzt ist und langsam vermodert; er ist völlig von Pilzen überwachsen. Unkraut wuchert um ihn herum, und in seinem Stamm können sich Tiere einnisten."*[2]

Vollkommene Großzügigkeit ist letztlich ein völliges und selbstloses Sichhingeben zum Wohle aller. Das mag sich für Sie noch sehr fremd anhören, aber genau in diese Richtung bewegen wir uns als Bodhisattvas. Alle oben beschriebenen Verbindungen sind Schritte dorthin und jeder dieser kleinen Schritte ist wichtig. Vielleicht bemerken Sie bei Ihrem nächsten Waldspaziergang einen solchen Baumstamm, der auf der Erde liegt und sich ganz und gar Tieren und Pflanzen hingibt. Das mag Sie an diese Zusammenhänge erinnern und könnte Sie inspirieren, hier und da in Ihrem Leben ein wenig lockerer zu lassen und den nächsten Schritt des Gebens zu gehen.

---

2 Chögyam Trungpa: *Spirituellen Materialismus durchschneiden*, S. 240

Annehmen und Empfangen

Nun wollen wir die andere Seite des Gebens betrachten, nämlich das Annehmen und Empfangen. Ein Geschenk in der richtigen Weise anzunehmen, ist ebenfalls eine Kunst.

Vielleicht machen Sie selbst zwar gerne Geschenke, haben jedoch Schwierigkeiten, Ihrerseits von anderen etwas anzunehmen, seien es materielle Dinge, Gefälligkeiten oder Ratschläge. Es könnte bei Ihnen das Gefühl mitschwingen, durch das Empfangen von solchen nicht immer erwünschten Gaben in eine gewisse Abhängigkeit zu geraten und dabei womöglich Ihren Stolz und Ihre Eigenständigkeit zu verlieren. Eventuell überschlagen Sie den materiellen Wert eines Geschenkes, um zu wissen, was Sie dem anderen schuldig sind. Aus buddhistischer Sicht sind diese Überlegungen und diese Besorgnis Ausdruck einer übertriebenen Ichbezogenheit.

Zunächst ist es wichtig, einfach ein Gefäß zu sein für die Großzügigkeit des anderen. Wenn wir den Fall von „Schmiergeld" und Korruption einmal ausschließen, gilt in unserem Kontext: Nur, wenn Sie das Geschenk annehmen, erlauben Sie dem anderen, seine Großzügigkeit auszuüben, was aus buddhistischer Sicht ja eine große Tugend ist. Das soll natürlich auch nicht heißen, dass Sie in einer Anspruchshaltung immer davon ausgehen sollten, dass andere für Sie sorgen. Andererseits brauchen Sie sich nicht zu zieren, wenn Sie Komplimente, Lob oder Geschenke bekommen. Wenden Sie sich dem Schenkenden zu und schauen Sie ihm in die Augen, nehmen Sie das Geschenk mit beiden Händen in Empfang, in Dankbarkeit und Freude. Betrachten Sie es als einen natürlichen Austausch des Gebens und Empfangens im großen Netz des Lebens.

Der Austausch des Atems

Rein körperlich befinden wir uns andauernd in einem solchen Austausch des Gebens und Nehmens: durch das Atmen. Wir nehmen Luft auf und wir geben unsere verbrauchte Atemluft wieder an unsere Umwelt ab. Das Ganze ist ein sehr intimer Austausch und eine unmittelbare Kommunikation mit unserer Umgebung. In vielen Meditationsmethoden macht man sich den Atem oder den Atemrhythmus zunutze. Das Ausatmen ist ganz natürlich mit Loslassen und Entspannung verbunden, wie z.B. ein Seufzer der Erleichterung nach einer Anstrengung. Entsprechend können Sie sich beim Ausatmen an den weiten Raum um sich herum erinnern und vertrauensvoll in diesen hinein loslassen. Sie können auch an unser universales Netz der Erleuchtung denken, aus dem wir nicht herausfallen können. In dieses Netz können Sie sich beim Ausatmen gleichsam fallen lassen. Beim Einatmen ist einfach nichts zu tun, es ist wie eine Pause, während der Sie im weltweiten Netz wie in einer Hängematte ruhen. Sie können sich diesen Austausch während Ihres Tages immer wieder vergegenwärtigen.

Tonglen

Der Atemrhythmus und der innige Austausch, der beim Atmen mit der Umwelt stattfindet, bilden die Grundlage für eine besondere Meditationstechnik, die in der tibetisch-buddhistischen Tradition gelehrt wird: das Tonglen. Wörtlich bedeutet Tonglen „Geben und Empfangen". Die Idee ist, dass Sie mit dem Ausatmen Wünsche für Glück und Wohlergehen für alle Lebewesen aussenden. Darin haben Sie nun ja schon einige Übung. Nun aber kommt der andere Aspekt: Beim Einatmen ziehen Sie alles Leid und Unglück der Wesen von diesen weg, zu sich selbst hin. Sie atmen die Probleme und das Leid der Lebewesen ein, um diese davon zu entlasten und zu befreien. Dies geschieht in dem Vertrauen, dass all das Negative und Schlechte Ihrer wahren inneren Natur nicht schaden kann. Sie sind in diesem Prozess, wie Trungpa Rinpoche das eher nüchtern ausdrückte, eine Art Klimaanlage, oder vielleicht ein Luftfilter, der für saubere Luft sorgt. Sie ahnen bestimmt, dass dies keine leichte Übung ist und einiges an Hintergrund und Unterstützung durch erfahrene Menschen bedarf. Bei dieser Übung werden viele Emotionen aufgerüttelt und Ihr Mitgefühl und Ihre Bereitschaft, sich für andere einzusetzen, stoßen deutlich an Grenzen. Daher empfiehlt es sich, die Tonglen-Methode bei kundigen Menschen zu erlernen und eine Weile unter deren Anleitung zu üben, bevor man sie zur regelmäßigen Praxis macht.

Aber Tonglen ist weit mehr als eine Meditationsübung. Wie das Atmen selbst ist es im Grunde ein natürlicher Vorgang. Und so heißt es von großen Lehrern und Lehrerinnen, dass sie in einer ganz natürlichen Tonglen-Manier die Negativität ihrer Schüler aufnehmen und diesen im Gegenzug Segen und Unterstützung senden, ohne dass sie sich dies extra vornehmen müssen. Es ist ihr natürlicher Seinszustand.

Auch wenn Ihnen das alles sehr schwierig erscheint, können Sie sich doch schon im Alltag damit verbinden. Wiederum ist das Wünschen unser Anknüpfungspunkt. Wenn Sie sich während des Tages oder etwa beim Einschlafen Ihres Atemrhythmus' bewusst werden, lässt sich der Gedanke formulieren: „Möge es mir eines Tages gelingen, den Wesen allein durch das Atmen zu helfen." Alles Weitere wird sich ergeben.

Anknüpfungspunkte für das Geben und Empfangen

Situation	Symbol oder Wunsch
Sie erklären jemanden den Weg zum Bahnhof oder einem anderen Ort.	„Möge ich diesem Menschen und allen Lebewesen den Weg zum Erwachen weisen."
Sie halten jemandem die Tür auf.	„Möge ich dir das Tor zur Buddhaschaft öffnen können."
Sie nehmen jemanden in Ihrem Auto mit.	„Möge ich diesen Menschen zur Buddhaschaft geleiten."
Sie erleben Freude, Wohlsein und Glück.	„Möge das Glück den gesamten Raum ausfüllen."
Jemand besucht Sie.	Behandeln Sie Ihren Gast wie einen Buddha.
Sie beruhigen oder trösten jemanden.	„Mögen alle Lebewesen Freiheit von Furcht erleben."
Sie empfangen ein Geschenk.	„Wie wunderbar, dass der Schenkende die Tugend der Großzügigkeit ausübt."
Sie bemerken Ihren Atemrhythmus.	„Möge es mir eines Tages gelingen, den Wesen allein durch mein Atmen zu helfen."
Beim Anblick eines verrottenden Baumstammes	„Möge ich lernen, mich wie dieser Baumstamm völlig dem Dienste an anderen hinzugeben."

10

Kochen – die große Transformation

Ein besonders sinnlicher und genussvoller Zugang zum spirituellen Weg ist das Kochen. Das verwundert Sie? Darf ein Buddhist sich denn solch irdischen Vergnügen hingeben? Nun, wie immer geht es um die *Einstellung* zu dem, was man tut, und um die Motivation.

„Liebe geht durch den Magen" lautet ein viel zitierter Spruch und in unserem Kontext soll das Kochen ebenfalls als ein Akt der Liebe begriffen werden, um andere und sich selbst zu ernähren, um andere zu unterstützen und ihnen eine Freude zu bereiten. Mit „Kochen" ist allerdings nicht unbedingt gemeint, dass Sie stundenlang in der Küche stehen und die neuesten Vorschläge aus einschlägigen Koch-Shows umsetzen. Als Kochen gilt hier auch das Zubereiten von kleinen Mahlzeiten, das nicht viel Zeit in Anspruch nimmt, oder auch nur das Schmieren eines Butterbrots. Im weitesten Sinne soll damit gemeint sein, andere und sich selbst mit Nahrung zu versorgen.

Was nähren Sie in sich und anderen?

Womit und wie ernähren Sie sich? Was stärken und fördern Sie in sich? Und womit nähren Sie andere? Die Verbindung zwischen konkreter Speise und inneren Qualitäten drückt sich allein schon sprachlich in diesen Fragen aus. Denn wir ernähren uns oder andere nicht nur mit Lebensmitteln, sondern wir nähren, fördern und stärken auch bestimmte Gefühle, Gewohnheiten und innere Haltungen in uns und in den Menschen um uns herum. Beispielsweise könnten Sie Ihre Kinder in einem Streit mit anderen entweder darin bestärken, sich durchzusetzen oder nachzugeben.

Entsprechend lassen sich Überlegungen bezüglich der Nährstoffe bestimmter Lebensmittel mit dem Nachsinnen darüber verknüpfen, welche Eigenschaften Sie im übertragenen Sinne eigentlich in sich selbst und in anderen mit Nahrung versorgen. Die Aussage „man ist, was man isst" gilt somit nicht nur für die biologische oder physische Ebene, sondern auch für die psychische oder spirituelle.

Lebensmittel einkaufen

Wir bleiben vorerst bei den Lebensmitteln. Sie wählen aus, welche Lebensmittel Sie kaufen, welcher Herkunft, welcher Art, beispielsweise frisch, naturbelassen, biologisch, aus der Region, vegetarisch. Ideal wäre natürlich, wenn schon das Einkaufen entspannt und freundlich vor sich ginge, wenn möglich mit direktem Kontakt zu den Herstellern. Aber auch das Einkaufen in einem anonymen Supermarkt, in dem man verpackte und verschweißte Lebensmittel aus den Regalen nimmt, kann mit einer inneren Wertschätzung für die Speisen und deren Herkunft geschehen. Hier wird unsere globale Vernetzung sehr deutlich, und wenn Sie Lebensmittel aus der ganzen Welt in Ihren Einkaufswagen legen, könnten Sie dies mit einem inneren Dank an diejenigen verbinden, die diese Produkte hergestellt und transportiert haben. Das soll nicht heißen, dass Sie nicht auch als Verbraucher kritisch aussuchen sollten, welche Art der Warenherstellung Sie durch Ihren Kauf unterstützen.

Fahren Sie Ihre Lebensmittel mit dem Auto oder dem Fahrrad nach Hause, oder tragen Sie sie eigenhändig oder im Rucksack? Wie auch immer, Sie bringen die Lebensmittel irgendwann in Ihr Haus oder Ihre Wohnung. Dies lässt sich wieder mit einem Wunsch verbinden: „Mögen solche Lebensmittel in alle Häuser kommen. Mögen alle Wesen solche Speisen und Getränke genießen können."

Schon beim Einkaufen haben Sie überlegt, für wie viele Menschen Sie kochen werden: Für Freunde, Ihre Familie, eventuell bringt Ihr Kind noch einen Schulfreund oder eine Schulfreundin mit. Man denkt also bereits an die Menschen, für die man kochen wird. Und da könnte der Wunsch aufkommen: „Möge ich all diesen Leuten ein schmackhaftes Mahl bereiten, das sie gesund erhält und stärkt, zum Wohle aller." Mit einem solchen Wunsch im Herzen fällt vielleicht die Wahl der Lebensmittel für das Essen anders aus, als zuerst geplant.

Sich Zeit zum Kochen nehmen und etwas Leckeres zaubern

Nun kommt vielleicht das Schwierigste: sich Zeit nehmen für das Kochen. Wenn Sie wenig Zeit haben, dann kochen Sie etwas Einfaches, aber tun Sie es mit Aufmerksamkeit und Liebe. Gleichgültig, ob Sie nun eine einfache Suppe oder ein mehrgängiges Menü zubereiten, seien Sie bei der Arbeit möglichst präsent und entspannt.

Spüren Sie Oberfläche und Form des Gemüses, das Sie waschen oder schälen. Nehmen Sie beim Schneiden seine Konsistenz wahr, seine Strukturen, seine Farbe, seinen Geruch. Staunen Sie über die Muster und Bilder, die sich etwa beim Schneiden von Möhren ergeben. Seien Sie einfach ganz bei dem, was Sie tun und erfahren. Das empfiehlt sich ohnehin schon aus dem Grund, dass Sie sich nicht in den Finger schneiden. Und auch, wenn Sie jeden Tag für Ihre Familie kochen müssen und Ihnen dies ganz und gar nicht als etwas Besonderes vorkommt, könnte doch so etwas wie Freude aufkommen über all diese verschiedenen Lebensmittel, die Sie zur Verfügung haben. Es mag auch eine gewisse, kaum spürbare Erregung mitschwingen, aus diesen Zutaten nun etwas Leckeres zaubern zu können. Denn eine gewisse Zauberei findet beim Kochen durchaus statt: Aus vielen Zutaten stellen Sie etwas Neues und Einzigartiges, eine ganz neue Komposition und Kreation zusammen. Neben einem bestimmten Wissen über Inhaltsstoffe, Kalorien, Fette, Kohlehydrate, Vitamine und Mineralien bleibt das Kochen selbst letztlich eine Kunst, wenn es um die Komposition verschiedener Speisefolgen, Geschmacksrichtungen und Gewürze geht.

Die gesamte Vorbereitung für ein Gericht lässt sich also mit Aufmerksamkeit, Staunen und auch Freude durchführen. Spüren Sie diese Freude bewusst und, wenn Sie möchten, teilen Sie sie mit den Buddhas, indem Sie die Freude einfach von sich ausstrahlen lassen. Auch beim Braten, Dämpfen oder eben Kochen selbst ist Aufmerksamkeit eigentlich schon aus Sicherheitsgründen selbstverständlich. Zusätzlich können Sie hier und da eine extra Portion gute Wünsche mit ins Essen geben, z.B. beim Würzen oder wenn Sie noch mehr Flüssigkeit in einen Topf dazugeben. Das lässt sich verbinden mit Gedanken, wie: „Möge diese Speise mit Liebe und Kraft gewürzt sein.“ Oder: „Möge diese Speise für alle ein Genuss sein.“

Wer schon vertrauter mit buddhistischen Inhalten und Übungen ist, könnte mit folgenden Ideen experimentieren: Der Topf ist der Raum der Offenheit, die Leerheit. Dort manifestieren sich nun nach und nach Erscheinungen (wie z.B. Gemüse), die den Wesen nutzen. Was Sie dann am Ende Ihren Lieben auf den Teller geben, ist die untrennbare Einheit von Leerheit und Erscheinungen.

Was wird transformiert?

Beim Kochen findet eine Transformation von Lebensmitteln statt. Manches, was roh nicht genießbar ist, wie Kartoffeln oder grüne Bohnen, wird durch Kochen und Garen erst zu wertvoller Nahrung. Beim Kochen, Backen und Braten werden Vitamine aufgeschlossen, Fette umgewandelt, Geschmacksrichtungen und Farben der Lebensmittel verändern sich. Für sich genommen schmeckt so manches ganz anders als in der Kombination mit anderen Zutaten. Dies hat seine Parallele in einer inneren Transformation, die auf dem spirituellen Weg mit uns geschieht.

Wir sitzen selbst wie in einem Kochtopf und verändern uns im Laufe des Übens. Manches verschwindet einfach, es verdunstet. Anderes kommt durch das Erhitzen und Kochen erst zum Vorschein, wieder anderes wird vermischt zu einer Suppe oder einem Eintopf. Erinnern Sie sich an die Geistesgifte oder Kleshas? Das sind Gier, Hass, Verblendung, Stolz und Neid. In der Mahayana-Tradition gehen wir auf eine besondere Weise mit den Kleshas um: Anstatt zu versuchen, sie unter Kontrolle zu halten oder sie loszuwerden, richten wir uns darauf aus, die in ihnen enthaltene erleuchtete Energie freizulegen und diese für den Weg des Erwachens zu nutzen. Das mag sich nett und interessant anhören, ist aber ein schwieriger, mitunter schmerzhafter Weg, der sich oft wirklich so anfühlt, als säße man in einem Kochtopf und würde langsam gegart oder in einem Schnellkochtopf, in dem der Prozess unter Druck und mit hoher Temperatur wesentlich schneller abläuft.

Wenn es in Ihrer Küche nun brodelt und dampft und Sie nur noch gelegentlich umrühren müssen, dann könnten Sie das mit dem Gedanken verbinden, dass auch Sie sich in einem solchen Kochtopf befinden und zu einer bekömmlichen und stärkenden Mahlzeit für die Lebewesen garen. Denn aus mahayanischer Perspektive ist dies das einzige Ziel der Transformation der Kleshas oder Geistesgifte: Hilfreich, unterstützend und nährend für die Lebewesen zu werden.

Die ganze Welt ernähren

Wünsche und Gedanken wie „Möge ich alle Lebewesen nähren, möge ich die ganze Welt ernähren." könnten Sie dazu motivieren, gelegentlich Freunde zum Essen einzuladen. Wer sich in dieser Richtung praktisch engagieren möchte, wird bestimmt gerne als Unterstützer der örtlichen Suppenküche für Obdachlose aufgenommen oder kann für entsprechende Organisationen spenden.

Mutige Bodhisattvas gehen beim Wünschen sogar noch einen Schritt weiter und pflegen den Wunsch, dass sie selbst zur Nahrung und Stütze für alle Wesen werden mögen. Das erinnert an den verrottenden Baumstamm im vorigen Kapitel, der sich selbst völlig den anderen Wesen überlässt: Pilzen und Flechten, Würmern und Käfern, Spinnen und Mäusen. Man gibt sich selbst den anderen völlig hin.

Anknüpfungspunkte für das Kochen

Situation	Symbol oder Wunsch
Überlegungen zum Nährwert der Speisen	„Welche Eigenschaften nähre und fördere ich in mir und anderen?"
Beim Einkaufen	Verbundenheit mit den Bauern und Herstellern der Nahrungsmittel spüren sowie Dankbarkeit.
Speisen planen und kochen	„Möge ich meiner Familie, meinen Freunden und Gästen eine Freude machen und Sie mit Liebe und Mitgefühl ernähren."
Beim Würzen	„Möge diese Speise mit Liebe und Kraft gewürzt sein."
Beim Betrachten der dampfenden Kochtöpfe	„Möge ich wie diese Speisen selbst zu einer bekömmlichen und stärkenden Mahlzeit für die Lebewesen werden."

11

Speisen wie die Buddhas

Nachdem so wunderbar gekocht wurde, möchten wir nun natürlich die feinen Speisen und Getränke auch genießen, vielleicht sogar in einem feierlichen Rahmen mit besonderem Geschirr, schönen Gläsern und festlich gedecktem Tisch. Wie im Kapitel 9 über „Geben und Empfangen" erläutert, können Sie Ihre Gäste – selbstverständlich auch Ihre Familienmitglieder – als Buddhas sehen und sie entsprechend bedienen und bewirten. Und Sie selbst dürfen das schöne Ambiente natürlich auch als Buddha genießen. Das erscheint Ihnen zu aufwendig für den Alltag? Wie Sie wissen, ist alles eine Frage der Einstellung: Selbst die einfachsten Speisen im Alltagsgeschirr auf dem Küchentisch ohne Tischdecke können Sie mit entsprechenden guten Wünschen verknüpfen und auch Leitungswasser lässt sich ohne Weiteres als das Wasser des Lebens anbieten.

Überall auf der Welt gibt es bestimmte Rituale und Regeln rund um das Essen. Wartet man, bis alle etwas auf dem Teller haben, oder fängt man einfach an? Soll man den Teller leer essen oder etwas übrig lassen? Was gehört sich? Gibt es vor dem Essen ein Gebet, einen Segensspruch oder eine Aufforderung, mit dem Essen zu beginnen? Wir wollen hier davon ausgehen, dass Sie vor dem Essen einen Moment lang innehalten – sei es in Stille oder mit einem Gebet. Man besinnt sich darauf, wie wunderbar und kostbar Nahrung ist und dass es alles andere als selbstverständlich ist, genug zu essen zu haben. Woher kommt die Speise, wer hat sie zubereitet? Vielleicht schließt man diese Leute in die Besinnung mit ein. Und vielleicht kommt im Gebet auch zur Sprache, wie man die Kraft nutzen will, die die Nahrung uns verleiht.

Vor und nach dem Essen innehalten

Wenn Sie nun vor Ihrem vollen Teller sitzen, dann nehmen Sie sich doch einen Moment lang Zeit, um über das zu staunen, was da auf Ihrem Teller angerichtet ist. Lassen Sie die verschiedenen Farben der Speisen auf sich wirken, genießen Sie den aufsteigenden Duft und die Vorfreude. Spüren Sie, wie Ihnen das Wasser im Mund zusammenläuft.

Anhänger des Mahayana bringen vor der Mahlzeit in einem Gebet Speise und Trank den Buddhas als Gabe dar – auch wenn sie die Mahlzeit dann selbst verspeisen. Beim Essen lassen sich dann Genuss, Geschmack, Geruch und Beschaffenheit des Essens intensiv wahrnehmen und all diese Sinneseindrücke innerlich ebenfalls als Gaben für die Buddhas darbringen.

Falls Sie sich damit nicht anfreunden können, dann denken Sie doch einfach an den Aspekt, dass die Nahrung Sie stärkt und gesund erhält. Was werden Sie mit Ihrer Kraft und Ihrer Gesundheit als Bodhisattva wohl anfangen? Ganz klar – Sie werden beides einsetzen, um den Lebewesen zu helfen und sie nach besten Kräften zu unterstützen!

Und wenn Sie sehr hungrig oder zu müde sind und all diese guten Gedanken vergessen? Vielleicht fällt Ihnen erst beim leeren Teller ein, dass Sie doch eigentlich die Speisen den Buddhas oder allen Lebewesen darbringen wollten? Vielleicht schämen Sie sich ein wenig? Wie schon öfter angesprochen: Wir knüpfen unsere Verbindungen dann, wenn wir daran denken und die Inspiration spüren. Natürlich ist es auch eine Sache der Übung und der Ausrichtung, aber ein schlechtes Gewissen ist dabei nicht hilfreich. In diesem Fall reicht es, daran zu denken, dass Sie die Energie durch die eben aufgenommenen Speisen zum Wohle aller Wesen verwenden wollen.

Die intime Vernetzung mit der Welt

In einem Gebet aus unserer Buddhistischen Gemeinschaft Longchen, das nach dem Essen gesprochen wird, findet sich die Formulierung, dass der Nutzen der Gabe insbesondere denen zugutekommen möge, die an ihrer Entstehung beteiligt waren, und sei es in noch so entfernter Weise. Wenn Sie dies anspricht, dann denken Sie doch einen Moment lang an einzelne Lebewesen, die daran beteiligt waren, Ihre Nahrung herzustellen: der Bauer, der das Getreide anbaute, die Teepflückerin in den Hügeln von Darjeeling, das Huhn, das die Eier legte, oder der Händler, der diese sicher bis in Ihren Supermarkt gebracht hat. Vielleicht sehen Sie diese Lebewesen für einen Augenblick auch vor sich.

Oder führen Sie sich ganz allgemein die vielen Verbindungen vor Augen, die Sie ganz direkt und körperlich durch Ihre Nahrung mit Ihrer näheren und weiteren Umgebung, vielleicht sogar mit der ganzen Welt, eingehen: Kartoffeln und Milch aus Ihrer Region, Tomaten aus Spanien, Reis aus Indien, Kaffee aus Kolumbien, Wein aus Italien oder vielleicht sogar aus Australien etc. Das lässt sich mit einem Wunsch verbinden, wie: „Mögen all diese Verbindungen zu guten und heilsamen Verbindungen werden." „Mögen wir uns alle gegenseitig auf dem Weg zum Erwachen unterstützen und helfen."

Die ganze Welt ernähren

Eine wunderbare Übung, die besonders Hausfrauen und Hausmänner, aber auch Servicepersonal in Gaststätten oder Kantinen täglich zur Verfügung steht, ist, die ganze Welt mit Speisen und Getränken zu versorgen. Denn eben dies können Sie denken, wenn Sie Ihren Lieben, Ihren Gästen oder Kunden die Teller füllen: „Möge ich alle Lebewesen ernähren."

So zu wünschen, fördert in Ihnen wiederum die Gebefreudigkeit und die Sorge für andere. Zudem legt es bestimmte Kanäle und Muster des Denkens und Fühlens in Ihnen an, die sich in einer späteren Situation, vielleicht erst in einem zukünftigen Leben, als äußerst positiv und hilfreich erweisen können. Beispielsweise könnten Sie irgendwann in der Zukunft in eine Position geraten, in der Sie tatsächlich die Wahl haben, viele Lebewesen mit Lebensmitteln zu versorgen oder aber sie verhungern zu lassen. Dann ist es gut, solche heilsamen Eindrücke im Geist angelegt zu haben.

Wie im vorhergehenden Kapitel bereits erwähnt, gibt es auch hier und jetzt viele ganz konkrete Möglichkeiten, sich an der Ernährung der Bevölkerung zu beteiligen, sei es an Ihrem Wohnort in Suppenküchen, Tafeln für Bedürftige o. Ä., durch die Unterstützung entsprechender politischer Maßnahmen oder weltweit durch Spenden an Hilfsorganisationen, die sich speziell um die Bekämpfung des Hungers bemühen. Doch egal, wo Sie sind und wem Sie gerade Essen geben, Sie können immer überzeugt sein, dass Sie gerade einen oder eine Buddha bedienen!

Genießen

Sind Sie ein Genießer? Kennen Sie das Gefühl, mit großem Wohlbehagen, vielleicht sogar mit einer gewissen Gier oder Wollust, sich dem Essen hinzugeben? Vielleicht ist es Ihre erste warme Mahlzeit an diesem Tag oder Sie waren lange in der Kälte spazieren und freuen sich auf eine heiße Suppe. Tauchen Sie ruhig ein in all die wohligen Sinneseindrücke, die sich für Sie beim Essen und Trinken eröffnen. Ab und zu könnte Ihnen dabei durch den Kopf gehen: „Mögen alle Lebewesen so schmackhafte und reichhaltige Gerichte zu sich nehmen können!" „Mögen alle Lebewesen solchen Genuss erfahren!" ... Der höchste Genuss ist auf unserem spirituellen Weg jedoch das Erwachen zum Wohle aller, aus dem dann die Fähigkeit entspringt, die mannigfaltigen Bedürfnisse aller Lebewesen zu spüren und auf diese spontan zu antworten. Sie werden also auch als vollkommener Buddha die Fähigkeit brauchen, sich einzulassen auf Gefühle, Eindrücke, Bedürfnisse. Die dafür nötige Feinfühligkeit drückt sich schon jetzt in Ihrem Leben aus, eben u. a. in der Fähigkeit, die Feinheiten und Geschmacksnuancen in Speisen und Getränken wahrzunehmen, wertzuschätzen und zu genießen. Daher könnte ein zusätzlicher Wunsch lauten: „Möge mein jetziges Genussempfinden die Basis dafür sein, später als Buddha auf die unterschiedlichen Bedürfnisse der Wesen eingehen zu können."

Wie ein Gefäß sein

Im Buddhismus wird viel darüber gesprochen, in welcher Art und Weise man spirituelle Unterweisungen am besten aufnehmen soll. Es heißt, man soll wie ein reines Gefäß sein, in das die Lehren gegossen werden. Das Gefäß soll nicht umgedreht oder bereits randvoll sein, denn sonst kann ja nichts Neues hineingefüllt werden. Weiterhin soll das Gefäß dicht sein, also keine Löcher aufweisen, aus denen die Flüssigkeit wieder herauslaufen würde. Und schließlich soll es sauber sein und nichts Unreines oder Giftiges enthalten, was die reine Flüssigkeit der Lehren verschmutzen oder vergiften würde.

Das lässt sich übertragen auf Situationen, in denen Sie Ihr Glas oder Ihren Teller jemandem hinhalten, der diese Gefäße füllt: „Möge ich offen sein für die Lehre des Buddha und möge sie in mich hineinkommen wie das Getränk hier in dieses Glas."

Wie frisch gebackenes Brot

Chögyam Trungpa verglich die Übermittlung spirituellen Wissens von Lehrer zu Schüler mit dem Überreichen von frisch gebackenem Brot. Er betonte, dass Wahrheit nicht wie ein antikes Erbstück weitergereicht wird, sondern als lebendige Inspiration, als authentische Erfahrung. Und die Schülerin muss ihrerseits die Lehren in der eigenen persönlichen Erfahrung nachvollziehen. Die Schüler müssen das Brot der Lehren spüren, seine Wärme fühlen, seinen Geruch aufnehmen und es noch warm essen. Sie müssen sich die Lehre aneignen und dann in die Praxis umsetzen. Das Ganze ist ein sehr direkter und lebendiger Vorgang.

An diese Zusammenhänge lässt sich anknüpfen, wenn Sie frisches, warmes Brot in Ihren Händen halten oder auch, wenn Ihnen beim Vorübergehen beim Bäcker der Geruch von frisch gebackenen Brötchen in die Nase steigt.

Anknüpfungspunkte rund um das Essen

Situation	Symbol oder Wunsch
Vor dem Essen innehalten und die Speisen wahrnehmen	„Mögen die Buddhas diese Nahrung und diesen Trank als Gabe annehmen."
An die Kraft denken, die die Nahrung Ihnen gibt	„Möge ich die Kraft dieser Nahrung zum Wohle aller Lebewesen einsetzen."
Sich an die Herkunft der einzelnen Lebensmittel erinnern	„Mögen all diese Verbindungen zu guten und heilsamen Verbindungen werden." „Mögen wir uns alle gegenseitig auf dem Weg zum Erwachen unterstützen und helfen."
Beim Austeilen von Nahrung	„Möge ich alle Lebewesen ernähren"
Sie genießen das Essen in vollen Zügen.	„Mögen alle Wesen solch schmackhafte Nahrung empfangen." „Möge mein Genussempfinden die Basis dafür sein, später als Buddha auf die unterschiedlichen Bedürfnisse der Wesen eingehen zu können."
Den Teller oder das Glas hinhalten	„Möge ich ein reines Gefäß für die Lehren des Buddha sein."
Beim Riechen oder Schmecken von frischem Brot	„Möge ich die spirituellen Lehren so aufnehmen und schmecken können wie dieses Brot."

12

In und mit der Natur

„Im Frühling sind es Hunderte von Blumen,
Im Herbst ist es ein Erntemond,
Im Sommer ist es eine erfrischende Brise,
Im Winter ist es Schnee, der dich begleitet.
Wenn keine unnützen Dinge in deinem Geist hängen,
wird jede Jahreszeit für dich eine gute Jahreszeit sein."

Wu-men Hui-K'ai
Chinesischer Zen-Meister (1183 – 1260)

Wu-men Hui-K'ai rät uns mit seinem Gedicht, ganz im Moment zu sein und das zu erleben, was eben da ist: die Vielfalt der Blumen im Frühling, die erfrischende Brise im Sommer, der Erntemond im Herbst und der Schnee im Winter. Wenn nichts Unnützes in unserem Geist verweilt und festhängt, dann ist jede Jahreszeit eine gute Jahreszeit für uns.

Welche „unnützen Dinge" sind gemeint? Wahrscheinlich unsere Erwartungen, unser Hoffen auf „gutes Wetter", unser Bangen, es könnte regnen, hageln oder schneien. Sicherlich bezieht sich das Gedicht nicht nur auf die Jahreszeiten, sondern ist auch im übertragenen Sinne zu verstehen: Was da so alles an „unnützen

Dingen" in unserem Geist „herumhängt", sind z.B. vorgefasste Meinungen darüber, wie wir selbst, andere Menschen oder die Welt zu sein hat, ein verkrampftes, oft verbissenes Wollen und Kämpfen gegen das, was ist.

Doch nehmen wir das Gedicht zunächst einmal ganz wörtlich: Wie halten Sie es mit dem Wetter und den Jahreszeiten? Stimmen Sie auch in die üblichen Klagen darüber ein, dass der Winter zu lange dauert und der Sommer zu nass ist? Immer ist es zu kalt, zu heiß, zu regnerisch, zu schwül. Und wenn das Wetter endlich einmal unseren Wünschen entspricht, dann müssen wir an diesem Tag ganz bestimmt Überstunden machen oder etwas ganz Wichtiges erledigen, so dass wir das Wetter nicht nutzen können zu einem Ausflug oder einem Sonnenbad. Es ist, als habe sich das Wetter gegen uns verschworen. Statt eine solche Haltung weiter in uns zu nähren, könnten wir versuchen, die „unnützen Dinge" loszulassen und das Wetter so zu nehmen, wie es eben ist.

Der erleuchtete Wetterbericht

Betrachten Sie das Wetter doch einfach unvoreingenommen. Dann ergibt sich für jedes Wetterphänomen ein Anknüpfungspunkt zum Erwachen, sozusagen ein erleuchteter Wetterbericht. Der blaue, wolkenlose Himmel steht beispielsweise für Ihr wahres Sein, das ohne Makel und Verunreinigungen ist. Sie brauchen an Ihrer eigentlichen Natur nichts zu ändern: Sie ist vollkommen. In den weiten Himmel zu blicken, z.B. von einer Anhöhe aus, kann Sie an die unendliche Raumhaftigkeit und Offenheit Ihres Seins und an die unbegrenzte Natur Ihres Geistes erinnern.

Scheint die Sonne? Wunderbar – sie steht für Wärme, Licht und Leben und strahlt spontan und unvoreingenommen auf alle Lebewesen. Auch wenn es banal klingen mag: Lassen Sie die Sonne in Ihr Herz und von dort aus zu anderen hin weiterstrahlen. Im Buddhismus sprechen wir zudem von der Sonne der Weisheit, die die Dunkelheit der Unwissenheit vertreibt. Auch die dunkelsten Ecken werden von den Sonnenstrahlen aufgespürt und in gleißende Helle getaucht. Steht die Sonne im Zenit, gibt es keine Schatten, die Unwissenheit kann sich nirgendwo verstecken. Alles ist klar und deutlich zu erkennen.

Sind hingegen Wolken am Himmel, lässt sich das mit den vorübergehenden Verdunkelungen vergleichen, die sich gelegentlich vor die Buddha-Natur schieben, ohne dass diese davon in ihrem Wesen berührt wird. Ihre vermeintlichen Fehler sind demnach nur vorbeiziehende Wolken, die an Ihrer wahren Natur nichts verändern. Das Gleiche gilt selbstverständlich auch für die Fehler Ihrer Mitmenschen! Betrachten Sie doch bei Gelegenheit am Himmel vorbeiziehende Wolken mit dem Gedanken: „Auf gleiche Weise ziehen alle unsere Fehler einfach am unendlichen Himmel unseres wahren Seins vorbei." Sie sind nur auf der Durchreise.

Zuweilen ist es so, dass Wolken den Himmel erst interessant machen: Seien es fröhliche, kleine, weiße Wolkenschiffchen an einem Sommertag oder dunkle Wolkentürme, die sich aufbauen und zu riesigen Gebirgen anwachsen, um dem Himmel eine Plastizität und Dramatik zu verleihen, die er sonst nicht hat. Und ein Abendrot wird erst vollkommen durch in Rosa, Lila und Gold getauchte Wolkenbänke. Wolken sind somit eine Art Verzierung des Himmels. Ebenso spricht man im Buddhismus von Gedanken als Verzierungen des Geistes. Solange man nicht an ihnen festhält, sind weder Wolken noch Gedanken ein Problem.

Und wenn es regnet oder schneit? Nun, was da vom Himmel kommt, kann als die Unterweisungen des Buddha betrachtet werden, die gleichmäßig auf alle Wesen niederfallen und entsprechend ihren jeweiligen Aufnahmekapazitäten von den Lebewesen empfangen werden. Auch als Segen oder unterstützende und nährende Kraft der Buddhas kann Regen oder Niederschlag im Allgemeinen aufgefasst werden.

Für die Nacht und den Nachthimmel gibt es ebenfalls Analogien. Die sternlose, dunkle Nacht wird im Dzogchen mit der Unmittelbarkeit der Erfahrung in Verbindung gebracht. Was wir erleben, ist uns so nahe, dass wir es noch nicht einmal sehen, wohl aber fühlen und erfahren können. Steht hingegen der runde Mond am Himmel, so kann er als Mond des Mitgefühls gesehen werden, der „die Hitze der Begierde" kühlt, wie es in Shantidevas berühmten Werk zum Wandel eines Bodhisattva, dem *Bodhicaryavatara,* heißt.

Die Natur des Geistes und des Seins

Jahres- und Tageszeiten, Wetter und andere Umstände und Situationen so zu nehmen, wie sie sind, entspricht der Haltung der Offenheit. Besonders im Dzogchen ist viel von der natürlichen Vollkommenheit unserer eigenen, innersten Natur die Rede. Die Idee ist, dass wir es uns gestatten können, unseren Geist ganz natürlich zu lassen, d.h. ihn nicht zu manipulieren. Vielmehr soll er sich so zeigen dürfen, wie er ist, nackt, unverstellt und natürlich. Entsprechend werden auch für die Meditation und den Umgang mit unserem Geist beim Meditieren zahlreiche Beispiele und Vergleiche aus der Natur herangezogen.

So heißt es etwa, dass man in der Meditation wie ein imposanter Berg sitzen soll: erdig-wuchtig, würdevoll, unbeweglich und gelassen. Man kümmert sich nicht darum, wer gerade an den Berghängen herumklettert oder ob es stürmt oder schneit. Sitzen wie ein Berg kann auch ein Sinnbild sein für die Unverrückbarkeit des Entschlusses, Erleuchtung zu erlangen. Wir sprachen von dieser Qualität bereits im Kapitel 6, wo es um das Ankommen im Feld der Erleuchtung ging. Jedes Mal, wenn Sie sich irgendwo hinsetzen, können Sie sich an den unumkehrbaren Entschluss des Bodhisattva erinnern, der sich zur Meditation hinsetzte mit dem festen Vorsatz, nicht eher wieder aufzustehen, bis er die Befreiung aus dem Kreislauf der Existenzen erlangt habe. Selbstverständlich sollten Sie sich zu Ihrer eigenen Meditation ebenfalls mit dieser inneren Haltung niedersetzen. Lassen Sie sich ruhig einige Minuten dafür Zeit, sich selbst als sitzenden Berg zu erleben.

Auch beim Anblick eines gewaltigen Berges oder eines Bergmassivs – und sei es auf einem Foto oder in einem Film – mag diese Ausrichtung in Ihnen entstehen und spürbar werden. Lassen Sie dies einfach zu. Stehen Sie selbst auf einem hohen Berggipfel und haben gute Sicht, werden Sie zweifellos von dem Panorama, das sich Ihnen da auftut, beeindruckt sein. Die Weite, die Sie da wahrnehmen, vielleicht auch ein Eindruck von Erhabenheit und Pracht entsprechen der Weite und Erhabenheit des wahren Seins, an dem Sie und alle Wesen teilhaben. Entspannen Sie sich in diese Weite hinein, lassen Sie sich selbst in sie hineinfallen und gestatten Sie, dass sich Ihre Gedanken und Gefühle in diese endlose Weite auflösen.

Es heißt auch, dass Gedanken, die beim Meditieren auftauchen, wie Wellen auf dem Wasser sind. Die Empfehlung ist, den Gedanken vertrauensvoll Zeit und Raum zu geben, so dass sie von selbst auslaufen und zur Ruhe kommen, so wie sich Wellen auf dem Ozean mit der Zeit von allein wieder entspannen und beruhigen. Wenn Sie kleine oder große Wellen auf einem See oder dem Meer betrachten, können Sie auch daran denken, dass dieses oberflächliche Aufgewühltsein des Wassers in der Tiefe nicht zu spüren ist. Entsprechend bleibt die Tiefe Ihres Seins von oberflächlichen Gedanken und momentaner Erregung unbeeinflusst. Das mag Sie trösten, wenn Sie gerade von besonders vielen Sorgen und Problemen belastet sind.

Bäume sind ebenfalls voller lebendiger Symbolik. Die Idee des Lebensbaumes gibt es auch im Buddhismus. Er steht für das Leben, die Welt der Erscheinungen. Der Baum bietet vielen Lebewesen Schutz und Lebensraum, er liefert Früchte und nährt damit die Wesen, er spendet Schatten und lädt zur Rast ein auf der anstrengenden spirituellen Bergwanderung. Besonders große und eindrucksvolle Bäume lassen sich mit dem Buddha vergleichen, der seine Äste schützend über die Lebewesen ausbreitet und ihnen Zuflucht gewährt. Hier könnte der Wunsch aufkommen, dass Sie selbst zu einem solchen schützenden und Leben spendenden Baum werden mögen.

Besonders im Frühling und Frühsommer sprießen die Knospen der Sonne entgegen und warten auf die richtigen Bedingungen, um sich zu öffnen und zu erblühen. Auch wir befinden uns, so Rigdzin Shikpo, in einem solchen Entwicklungsprozess von einer Knospe zu einer Blüte, von einem Buddha im Verborgenen zu einem voll entwickelten Buddha. Es wäre töricht und brutal, die Knospe aus Ungeduld mit einem Messer aufzuschneiden und die Blütenblätter mit Gewalt herauszuziehen. Damit würden wir die Blüte zerstören. Entsprechend brauchen wir Geduld mit uns selbst, für unsere eigene Entfaltung ebenso wie für die der Menschen um uns herum. Unsere jeweilige Entwicklung erfolgt in dem Tempo, das uns angemessen ist. Die Vielfältigkeit der vielen Hundert Blumen, wie im Anfangszitat erwähnt, wird sich zeigen, wenn es so weit ist. Lassen Sie sich beim Anblick von Knospen ein wenig Zeit und schauen Sie genau hin. Sehen Sie, wie in der einzelnen Knospe bereits das ganze Blatt oder die gesamte Blüte angelegt ist, die sich entfalten und zeigen wird, wenn es an der Zeit ist. Dabei können Sie denken: „So wie diese Knospe bin auch ich. Wenn die Zeit reif ist, werde ich als Buddha erblühen und andere Wesen erfreuen."

Wie schon in der Einführung erwähnt, gilt die Lotosblume in der buddhistischen Tradition als ganz besondere Pflanze. Ihre Wurzeln stecken unter Wasser im Schlamm, während sich ihre Blüte von der Wasseroberfläche abhebt und in reiner, unbeschmutzter Schönheit entfaltet. Diese Eigenschaft des Lotos ist ein Symbol für die Losgelöstheit und Freiheit von Ergreifen und Anhaften an der bedingten Existenz, während man gleichzeitig in ihr fußt. Die Oberfläche der Lotosblüte ist tatsächlich so beschaffen, dass Wasser und Schmutz von ihr abperlen. Im spirituellen Sinne steht die Lotosblüte deshalb dafür, dass man zwar in der bedingten Welt lebt und agiert, sich aber nicht durch blindes Ergreifen der Dinge und Anhaften an ihnen darin verfängt. Der Anblick unserer Seerosen kann uns an dieses Abperlen erinnern und den Wunsch auslösen: „Mögen alle Wesen frei sein von Begierde und Anhaftung."

Die Schönheit, die Sie in der Natur wahrnehmen, ist eine Spiegelung der Schönheit Ihrer eigenen wahren, inneren Natur. Die oft überwältigende Schönheit, Vielfalt, Komplexität und Erhabenheit in der Natur sollten Sie daran erinnern, Ihre eigene natürliche Schönheit als Buddha zu würdigen. Bodhicitta, das erwachte Herz, der erwachte Geist, ist laut Rigdzin Shikpo das Allerschönste, was es im Universum gibt:

Schöner als die Schönheit der Blumen
Ist die Schönheit der Liebe, des Mitgefühls.
Wunderbarer klingend als schöne Musik
Ist die vollkommene Schönheit von Bodhicitta,
das die wahre Essenz dessen ist,
was im Zentrum des Universums selbst
am wunderschönsten ist.[3]

Der Regenbogenkörper

Freuen Sie sich, wenn Sie einen Regenbogen sehen? Staunen und lächeln Sie bei seinem Anblick? Ist es nicht immer wieder ein Wunder, wenn ein solch leuchtendes Farbenspiel gleich einem riesigen Tor am Himmel auftaucht? Vielleicht haben Sie auch das Gefühl, dass der Regenbogen für Sie ein Zeichen oder eine Erinnerung an etwas ist?

In der tibetisch-buddhistischen Tradition gilt der Regenbogen mit seinem farbigen Lichtspektrum zum einen als Sinnbild für die Ungreifbarkeit der Dinge, für ihre Leerheit. Er taucht auf, ist klar und deutlich sichtbar, aber man kann ihn nicht greifen und in der Hand halten, d.h., er hat keine wirkliche Existenz.

Zum anderen wird das Auftauchen von Regenbögen am Himmel bei besonderen Ereignissen, wie etwa Einweihungen, als gutes Omen und Glück verheißend bewertet. Es gibt das Phänomen des Regenbogenkörpers, in den sich der Körper großer Meister oder Meisterinnen nach dem Tod auflösen kann. Hintergrund ist, dass die lange und intensive meditative Praxis des Aufgebens jeglichen Greifens und Fixierens nicht nur eine geistig-psychische Veränderung im Praktizierenden bewirkt, sondern auch die gröberen Elemente beeinflusst, aus denen der physische Körper zu-

3 Rigdzin Shikpo in einem Vortrag in Oldenburg 2007, © 2007, Rigdzin Shikpo

sammengesetzt ist. Beim Tod lösen sich die fünf groben, den Körper bildenden Elemente dann in ihre Essenz auf, d.h. in das fünffarbige Licht des Regenbogens. Ein solcher Regenbogen erscheint dann meist für alle sichtbar und es heißt, dass nur Haare und Nägel des verstorbenen Yogi oder der verstorbenen Yogini zurückbleiben. Ein Regenbogen ist also viel mehr als eine Erscheinung am Himmel bei Regen und gleichzeitigem Sonnenschein. An all das könnten Sie denken, wenn Sie das nächste Mal einen Regenbogen sehen.

Rhythmus und Vergänglichkeit

Überall in der Natur beobachten wir rhythmische Prozesse: Tag und Nacht, Ebbe und Flut, Wechsel der Jahreszeiten, die Phasen des Mondes, unser Herzschlag, Ein- und Ausatmen, Geburt und Tod. Dies wahrzunehmen, kann uns zum einen an den ständigen Wandel und Fluss des Lebens erinnern und uns helfen, bezüglich einzelner Begebenheiten oder Sorgen im Alltag ein wenig gelassener zu werden. Wie überall, ist es auch im Alltag so, dass Dinge entstehen, eine Weile da sind und, nachdem sie ihren Höhepunkt erreicht haben, wieder vergehen.

Zum anderen ist die allgegenwärtige rhythmische Veränderung auch in unserem Geist zu beobachten als ständiger Wechsel zwischen Fokussieren und Entspannen. In der Dzogchen-Meditation geht man mit diesem natürlichen Prozess des Geistes mit, anstatt dem Geist eine beständige Konzentration aufzuzwingen. Möchten Sie diese besondere Art des Meditierens kennenlernen? Dann wiederum die Empfehlung, dass Sie sich von dafür qualifizierten Personen unterweisen lassen.

Anknüpfungspunkte in der Natur

Situation	Symbol oder Wunsch
Sie sehen in den blauen, wolkenlosen Himmel.	Symbol für Ihr wahres Sein, das ohne Makel und Verunreinigungen ist.
Sonne	Symbol für Weisheit, die die Dunkelheit der Unwissenheit vertreibt
Wolken	Symbol für die vorübergehenden Befleckungen, die auf die makellose Buddha-Natur keinen Einfluss haben.
Regen	„Möge der Segen der Unterweisungen des Buddha auf uns herabregnen."
Mond	Symbol für Mitgefühl
Berg	Symbol für die Unverrückbarkeit des Entschlusses, Erleuchtung zu erlangen
Wellen auf dem Wasser	Symbol für die bloß oberflächliche Bewegung und Erregung des Geistes.
Baum	„Möge ich zu einem solchen schützenden und Leben spendenden Baum werden."
Beim Anblick von Blütenknospen	„Wie diese Knospe bin auch ich. Wenn die Zeit reif ist, werde ich als Buddha erblühen und andere Wesen erfreuen."
Lotos- oder Seerosenblüte	„Mögen alle Wesen frei sein von Begierde und Anhaftung."
Schönheit in der Natur	Symbol für die Schönheit der Buddha-Natur und von Bodhicitta in Ihnen und allen Wesen.

Situation	Symbol oder Wunsch
Regenbogen	Symbol für die Ungreifbarkeit oder Leerheit der Phänomene; Erinnerung an den Regenbogenkörper hoch entwickelter Menschen.
Rhythmische Prozesse in der Natur	Symbol für das rhythmische Fokussieren und Entspannen Ihres Geistes

13

Schmerz und Leid

Klagen Sie zuweilen, wenn Ihnen ein Unglück widerfährt: „Warum muss das ausgerechnet mir passieren?"? Oder ist Ihre erste Reaktion, wenn Sie eine Erkältung herannahen spüren, womöglich: „Ausgerechnet jetzt werde ich krank!"? In dieser Empörung drückt sich aus, dass wir im Grunde erwarten, alles um uns herum müsse ständig reibungslos funktionieren, einschließlich unseres eigenen Körpers.

Erwartungen, so die Einsicht des Buddha, führen immer zu Enttäuschung, Frustration und Leid. Denn wann sind die Dinge schon so, wie wir sie uns wünschen? Die in diesem Buch immer wieder betonte Maxime der Offenheit besteht ja gerade darin, uns möglichst ohne Erwartungen auf das Leben einzulassen. Ganz nüchtern betrachtet sind die Dinge einfach so, wie sie sind, und dazu gehört eben auch, dass wir gelegentlich krank werden oder uns Missgeschicke oder Unglücke zustoßen – so wie allen anderen Menschen auf der Welt auch.

Ihr Problem oder Schmerz als Beispiel

Ihr eigenes Problem, Ihre Krankheit oder Ihr Schmerz sind somit ein Beispiel für das, was andere Wesen im gleichen Moment genauso und vielleicht in noch viel schlimmerem Ausmaß erfahren und erleiden. Genau wie Sie wünschen sich auch alle anderen Lebewesen, dass sie selbst und ihre Lieben dauerhaft von Schmerz und Kummer frei sein mögen. Daher können Ihr eigener Schmerz sowie die damit unter Umständen einhergehenden Gefühle von Depression, Traurigkeit oder Empörung als Auslöser für den Wunsch dienen: „Mögen alle Lebewesen von solchen Schmerzen und Problemen, wie ich sie gerade durchmache, frei sein."

Das soll natürlich nicht bedeuten, dass Sie nichts unternehmen sollten, um aus Ihrer misslichen Situation herauszukommen. Selbstverständlich wird jeder vernünftige Mensch Rat, Hilfe oder Behandlung für seine Probleme suchen. Der wesentliche Punkt bei diesen Überlegungen ist: Sie als leidende Person sind nicht verschieden von anderen Wesen. Ihre Rückenschmerzen, Ihr Bauchgrimmen, Ihre Einsamkeit, Mutlosigkeit oder Verzweiflung, Ihre Sorgen um Ihre Kinder oder Eltern, Ihr beruflicher Stress, Ihre finanziellen Probleme – all dies sind die gleichen Schmerzen, der gleiche Kummer, die gleichen Sorgen, wie sie alle Menschen überall auf der ganzen Welt haben, wenn auch in unterschiedlicher Ausprägung und Intensität.

Schmerz und Leid in Ihrer unmittelbaren Umgebung

Die gleiche Haltung lässt sich einnehmen, wenn Menschen in Ihrer näheren Umgebung Schmerzen erleiden, seien sie körperlich oder psychisch. Selbstverständlich werden Sie helfen, trösten und unterstützen so gut Sie können, aber es wird immer vieles geben, auf das Sie keinen Einfluss haben. Eine solche Situation kann Sie ebenfalls zum Wünschen anregen: „Mögen diese Menschen, wie alle Lebewesen, schnell von diesen Schmerzen und Problemen frei werden."

Mitgefühl als Antwort des Herzens

Manchmal scheint es, als würde die Welt endgültig aus den Fugen geraten. Die Medien berichten von Erdbeben, Tsunamis, Krieg, schlimmen Verkehrsunfällen, Missbrauch von Kindern, Insolvenz großer Firmen und nachfolgender Arbeitslosigkeit vieler Menschen, von Korruption, von politischen Skandalen – und das alles am gleichen Tag. Vielleicht haben Sie dann das Gefühl: „Das ist nicht zu fassen!" Es ist, als ob uns so viel geballtes Unglück auf einmal überfordern und lähmen würde.

Aber wenn Sie auf Ihr Herz hören, wird die Antwort auf Leid immer Mitgefühl sein. Da ist ein Berührtsein in uns, das helfen, lindern und heilen möchte. Diese Empfindungsfähigkeit schmerzt zuweilen und vielleicht kommen Ihnen bei solchen schrecklichen Nachrichten die Tränen. Aus buddhistischer Sicht sollte diese Empfindsamkeit aber zugelassen und keinesfalls unterdrückt werden, um uns zu schützen, denn dies würde nur zu Abstumpfung und Gewöhnung führen. Mitgefühl ist eine natürliche Antwort unseres Herzens und kann sich, je nach Situation, als konkretes Handeln oder in Form von Wünschen, Gebeten oder Meditationen für andere ausdrücken.

Als Erstes ist Mitgefühl mit uns selbst wichtig. Das mag überraschen. Sollen wir unser Augenmerk nicht auf andere legen? Fördert Mitgefühl mit uns selbst nicht den Egoismus? Nicht, wenn wir lernen, uns selbst als Beispiel oder Modell für alle Wesen zu begreifen.

Denn erst, wenn wir unseren eigenen Schmerz wirklich zulassen und spüren, können wir nachvollziehen, was andere fühlen. Daraus kann dann, wie bereits erwähnt, der Wunsch erwachsen, dass alle Wesen von solchem Leid frei sein mögen, und sich der Vorsatz herauskristallisieren, selbst alles dafür zu tun, dass diese Vision Wirklichkeit werden kann.

Angewandtes Tonglen

Ihr eigener Kummer und das Leid der Menschen in Ihrer Umgebung werden Sie also an den zentralen Bodhisattva-Wunsch erinnern: „Mögen alle Wesen frei von Leid sein“ oder „Möge der Ozean des Leidens austrocknen“. Sollte Ihnen das zu abstrakt vorkommen, dann stellen Sie sich doch vor, dass die Not leidenden Menschen Ihre Kinder, Eltern, Brüder und Schwestern wären.

Falls Sie bereits mit der Übung des Tonglen, wie in Kapitel 9 über „Geben und Empfangen“ beschrieben, vertraut sind, ist noch ein weiterer mutiger Wunsch möglich. Leiden Sie beispielsweise an Kopfschmerzen, könnten Sie denken: „Mögen sich in diesem Schmerz die Schmerzen aller Wesen sammeln und vereinen. Mögen die anderen dadurch von ihren Schmerzen frei werden.“

Was verschließt das Herz?

Vielleicht haben Sie bereits versucht, Mitgefühl für alle Wesen zu empfinden und festgestellt, dass Ihnen das bei manchen Menschen schwerfällt. Es ist, als wäre Ihr Herz irgendwie verschlossen, blockiert oder verhärtet, was wiederum zu einem Gefühl von Hilflosigkeit führen kann: Man möchte so gerne mitfühlend sein, stößt aber auf Grenzen in sich. Zunächst bleibt uns nichts anderes übrig, als dies zu bemerken und anzuerkennen.

Dann hilft uns die sachliche Analyse des Buddha weiter: Bei genauerer Betrachtung bemerken wir, dass die Grenzen des Mitgefühls aus begrifflichen und häufig willkürlichen Einteilungen unserer Mitmenschen in „Freund“, „Feind“ und „Fremder“ bestehen, wie in Kapitel 8 „Kontakt mit anderen“ bereits erläutert. Die Personen in der Schublade „Freund“ erscheinen uns näher und unserer Liebe und unseres Mitgefühls würdig. Für „Fremde“, d.h. Menschen, die uns unwichtig sind und die wir meist ignorieren, lässt sich vielleicht auch noch etwas empfinden. Für Personen aber, die wir als „Feinde“ klassifiziert haben, bleibt unser Herz meist verschlossen.

Der Übungsweg besteht u. a. darin, dieses Einteilen zu bemerken und allmählich zu schwächen. Weil wir unsere starren Schubladen mitsamt schweren Deckeln darauf schon sehr lange mit uns herumtragen, wird es aber eine längere Zeit dauern, bis diese flexibler und durchlässiger werden. In der Meditation beginnen wir deshalb zunächst damit, uns der ständig in uns stattfindenden, allgemeineren Kategorisierung aller Dinge und Erfahrungen in „angenehm", „unangenehm" und „neutral" bewusst zu werden. Man versucht, diese Bewertungen – wie andere, leichter zugängliche oberflächliche Gedanken und Gefühle auch – als unbeständig, flüchtig und ungreifbar zu erkennen, d.h. als „leer" von eigenständiger Substanz. Da gibt es zwar in Wirklichkeit nichts, worauf wir uns stützen könnten, dennoch unterstützen und fördern wir durch diese Urteile und Bewertungen in uns giftige Reaktionen wie Gier, Aggression und Gleichgültigkeit.

Nach und nach werden uns diese Vorgänge in uns selbst bewusster und die Gewohnheit, uns mit vergänglichen Gedanken und Gefühlen zu identifizieren, wird schwächer. Wir hören auf, uns wie eine Feder im Wind von flüchtigen Gedanken herumblasen und zu unheilsamen Taten hinreißen zu lassen. Es wird möglich, solche Gedanken, Bewertungen und auch Emotionen vorüberziehen zu lassen wie Wolken am Himmel. In der Meditation lernen wir, dabei gelassen zu bleiben, bzw. wir gestatten den aufkommenden Gedanken und Gefühlen, vertrauensvoll wie Wellen im Ozean von allein wieder zur Ruhe zu kommen.

Allmählich wird deutlich, dass auch die tiefer liegenden, inneren, das Mitgefühl blockierenden Mauern um unser Herz herum lediglich aus Meinungen, Anschauungen und Vorurteilen bestehen. Wir bemerken, dass sie quasi mit dem Klebstoff der Emotionen zusammengehalten werden, letztlich aber ohne jegliche Substanz sind. Nach und nach werden diese Wälle dann durchlässiger und irgendwann wird es möglich sein, auch für „Feinde" Mitgefühl zu empfinden.

Sie brauchen sich nicht darum zu sorgen, dass Ihr Mitgefühl nicht ausreichen könnte für all die vielen Wesen auf der Welt. Ihr Mitgefühl entspringt der tiefen Quelle der wahren Natur des

Seins und ist unermesslich und unerschöpflich. Alles, was zu tun ist, ist die Hindernisse beiseitezuschaffen, die es blockieren, bzw. diese Hindernisse als nicht existent zu durchschauen. Wenn Sie das nächste Mal spüren, wie Ihr Herz sich vor bestimmten Menschen verschließt, dann erinnern Sie sich einfach daran, dass dies nur an bestimmten Gewohnheiten und Vorurteilen liegt, nicht etwa an einem Mangel an Mitgefühl in Ihnen. Wünschen Sie einfach: „Möge es mir bald gelingen, auch für diese Menschen Mitgefühl zu empfinden."

Gier, Hass und Verblendung in der Welt und in uns

Vielleicht regen Sie sich auch gelegentlich Kopf schüttelnd darüber auf, dass bestimmte Nationen es einfach nicht schaffen, friedlich als Nachbarn zusammenzuleben. Fragen Sie sich doch einmal selbstkritisch: „Gelingt mir das denn immer?" Betrachten wir doch einmal die kleinen oder größeren Konflikte, die wir gerade mit denjenigen haben, die uns eigentlich ganz nahestehen: mit Partnern, Freunden, Nachbarn oder Kollegen. Wie oft ärgern wir uns über diese Menschen, wie oft erwarten oder verlangen wir, dass sie sich anders verhalten sollten, als sie das tun oder es ihnen möglich ist. Vielleicht ertappen Sie sich auch gelegentlich bei dem Gedanken: „Wenn nur dieser bestimmte Mensch nicht da wäre, dann wäre alles ganz einfach." Eine solche Haltung, übertragen auf die zwischenstaatliche Ebene, führt genau zu jener Aggression, zu Grenzstreitigkeiten und Kriegen, wie wir sie in den Nachrichten sehen.

Ähnliches gilt für Gier und Geiz. Viele Menschen sind der Meinung, sie selbst seien nicht im Geringsten gierig, und nur die Gesellschaft mit ihrem Konsum- und Kaufzwang und ihrem Konkurrenzdruck sowie die Profitgier bestimmter Gruppen oder Schichten sei schuld an der allgemeinen misslichen Lage. Auch hier empfiehlt es sich, dass wir uns zuerst an unsere eigene Nase fassen: Selbst wenn Gier schwieriger zu bemerken sein mag als Aggression, ist sie mit Sicherheit in uns allen vorhanden.

Versuchen Sie nicht auch, möglichst viel für möglichst wenig Geld zu bekommen? Sind Sie nicht auch darum bemüht, für sich und Ihre Lieben immer eine möglichst gute Situation zu erlangen? Halten wir nicht alle an unseren Besitztümern, an unseren Positionen, an unserem Selbstbild fest? Was geht in uns vor, wenn jemand uns tatsächlich etwas wegnehmen will – seien es materielle Dinge oder eine berufliche Position, sei es Zeit, seien es Gewohnheiten oder Menschen? Die grundlegende Haltung der Gier – von Greifenwollen, von Anhaftung und Geiz – ist in uns allen vorhanden. Die Frage ist nur, in welchem Ausmaß sie deutlich wird und wie weit wir in der Verfolgung unserer von Gier angetriebenen Ziele gehen. Wie im Kapitel über „Geben und Empfangen" erläutert, ist das beste Mittel gegen Gier die Großzügigkeit. Wenn wir uns also empören über die Gier anderer, könnten wir dies als Erinnerung und Mahnung ansehen, selbst großzügig zu sein.

Das dritte der grundlegenden Geistesgifte, Verwirrung oder Verblendung, in uns selbst zu bemerken, ist naturgemäß noch schwieriger. Es ist ja eben diese Verwirrung und Verblendung, die es fast unmöglich macht, die Welt so zu sehen, wie sie wirklich ist. Auch hier helfen Aufmerksamkeit und eine Besinnung auf uns selbst: Denn wiederum ist es leicht, über die vermeintliche Dummheit, Engstirnigkeit oder Verbohrtheit anderer die Nase zu rümpfen und sich dabei selbst völlig im Recht zu fühlen. Wenn wir eine solche Haltung in uns bemerken, können wir uns daran erinnern, dass auch unser Blickwinkel mit Sicherheit ein begrenzter ist. Erst ein vollendeter Buddha verfügt über eine wahrhaft panoramahafte Vision.

Wenn Sie in Ihrer Umwelt auf Gier, Hass und Verblendung stoßen und sich darüber empören, dann erinnern Sie sich daran, dass diese Geistesgifte in uns allen, in allen Wesen sind. Kehren wir doch, wie es das Sprichwort sagt, zunächst vor unserer eigenen Tür und üben wir, mit unserer eigenen Aggression, mit unserer eigenen Gier und mit unserer Engstirnigkeit umzugehen. Sie könnten auch einen Wunsch formulieren, wie: „Mögen Gier, Hass und Verblendung in allen Lebewesen zum Ende kommen."

Die Ich-Illusion durchschauen

Wir sind nun bereits auf einige grundlegende Ursachen für Schmerz und Leid gestoßen: Da ist die Einteilung aller Eindrücke, Situationen und Menschen in angenehm, unangenehm und neutral und die Bemühung, das Angenehme an uns zu ziehen und festzuhalten, das Unangenehme fernzuhalten oder gar zu zerstören und das Neutrale zu ignorieren. Dieses Streben entspricht den drei grundlegenden Geistesgiften Gier, Hass und Verblendung und all den Taten, die daraus folgen und die zu unendlichen Schmerzen führen. Warum tun wir dies eigentlich?

Wir halten diesen Mechanismus in Gang, um eins zu schützen: den Eindruck von „Ich“. Auch wenn es uns nicht bewusst ist, so halten wir doch auf tiefer Ebene an dem Gefühl fest, dass es in uns ein von der Welt separates Ich gebe, das unveränderlich ist und alles, was wir tun und denken, verursacht und kontrolliert. Diese Ich-Identität versuchen wir verzweifelt aufrechtzuerhalten, zu schützen, weiter auszubauen und zu verstärken, koste es, was es wolle. Wir erweitern dieses „Ich“ auch zuweilen auf unseren Besitz, auf unsere Familie, unsere soziale Gruppe, auf unsere Nation. Wir sind dann die „Guten“ und haben jedes Recht, uns in der Welt zu platzieren und breitzumachen, während „die Anderen“ tendenziell eine Bedrohung für uns darstellen oder sogar explizit als „die Bösen“ gelten.

Diese Ich-Instanz und die Trennung der Welt in „Ich“ und „andere“ gilt es letztlich als Illusion zu durchschauen. Diese Erkenntnis ist die Frucht einer intensiven Übung und meditativen Praxis unter fachkundiger Anleitung. Denn die Einsicht, die direkte Erfahrung, dass es eine solche Burganlage des „Ich“ in Wirklichkeit gar nicht gibt, kann höchst unangenehm sein. Angst stellt sich ein, das Gefühl, alles würde uns weggenommen. Im Extremfall fühlt es sich so an, als würde man sterben. Es ist aber genau das Gegenteil: Unsere spirituellen Lehrerinnen und Lehrer versichern uns, dass es sich ohne den Ballast des Ich-Konstruktes viel besser leben lässt. Denn dann kann tatsächlich bedingungsloses Mitgefühl für alle Menschen frei und spontan aus der Quelle unseres Seins hervorströmen und fließen.

Die tieferen Ursachen von Leiden und der Ausweg des Buddha

Der Buddha nahm eine Art Bestandsaufnahme des Lebens vor und erkannte, dass es voller Leid ist, vergänglich und ohne eine Ich-Identität. Diese drei Aspekte werden die drei Merkmale der Existenz genannt. In einer Lehrrede erläuterte der Buddha die Zusammenhänge von Geburt, Alter, Krankheit, Tod und Leid. Er sprach über die Ursachen des Leids und die Möglichkeiten, es mittels des Edlen Achtfachen Pfades zu beenden. Diese Betonung des leidhaften Aspekts der bedingten Existenz, von Duhkha, hat der buddhistischen Lehre gelegentlich den Vorwurf eingebracht, pessimistisch zu sein.

Doch der Buddha kannte und anerkannte die Freuden des Lebens sehr wohl. Aus seiner Lebensgeschichte (siehe Anhang) wird deutlich, dass er seine Jugend im königlichen Palast verbrachte, wo ihm aller nur erdenkliche Luxus geboten wurde. Was mit Duhkha gemeint ist, geht viel tiefer.

Im Laufe der Schulung unserer Aufmerksamkeit wird immer deutlicher, wie das oben erläuterte Einteilen aller Sinneseindrücke auch auf subtilen Ebenen in uns geschieht. Das heißt, wir sind im Grunde ohne Unterlass damit beschäftigt, für uns einen angenehmen Zustand herzustellen und aufrechtzuerhalten, der aber nie lange anhält. Ein Beispiel dafür ist Hunger und Gesättigtsein, im wörtlichen wie im übertragenen Sinne. Wie lange dauert das Gefühl von Gesättigtsein nach einer Mahlzeit bei Ihnen an? Wie verändert sich Ihre Stimmung, wenn Sie hungrig sind? Und wie steht es mit dem Hunger nach Abwechslung in Ihrem Leben, nach Sinneseindrücken, nach Abenteuern? Lässt sich dieser Hunger leicht stillen und wie lange dauert es, bis er erneut auftaucht? Im buddhistischen Kontext wird in ähnlicher Analogie vom Durst gesprochen, speziell vom Durst nach Existenz, der den Kreislauf der Wiedergeburten antreibt.

Alle Wesen sind also andauernd bestrebt, Glück und Zufriedenheit zu erlangen, erleben aber immer wieder die Enttäuschung, dass dieser Zustand nicht von Dauer ist. Er kann nicht beständig sein, weil es einfach ein Naturgesetz ist, dass sich alles ständig verändert. Kein Moment ist wie der nächste, nichts ist von Bestand. Daher sind alle Lebewesen unaufhörlich auf der Jagd nach Glück, Zufriedenheit und Sicherheit. Dieses innere Getriebensein und die ständige Frustration, keine dauerhafte Zufriedenheit erlangen zu können – das ist mit Leid oder Duhkha in einem tieferen Sinne gemeint. An diesen Zusammenhang können Sie sich erinnern, wenn Sie sich z.B. bei dem Versuch ertappen, durch den Kauf von bestimmten Dingen so etwas wie dauerhaftes Glück zu erlangen.

Als tiefere Ursache des Kreislaufs von Geburt, Tod und Wiedergeburt, d.h. von Leid, gilt insbesondere im Dzogchen die Unwissenheit (*avidya).* Damit ist jedoch nicht etwa mangelnde Intelligenz gemeint, sondern eine Kraft, die ihren Ursprung in Ebenen unseres Seins hat, die wir nicht bewusst wahrnehmen, und die tatsächlich schon vor der Ausformung der Persönlichkeit wirksam war. (*Mehr dazu im Anhang.*) Auf den uns zugänglichen Ebenen unseres Seins drückt sich Unwissenheit in der schon öfter angesprochenen alltäglichen Weigerung aus, bestimmten unangenehmen Wahrheiten in unserem Leben ins Auge zu schauen.

Beobachten Sie doch einfach, wie Sie mit Wahrheiten umgehen, die etwas unangenehm sind. Vielleicht müssen Sie sich eingestehen, dass Sie einen Fehler gemacht haben, und befürchten einen Gesichtsverlust vor Ihren Arbeitskollegen. Es kann auch sein, dass Sie plötzlich Seiten in sich selbst wahrnehmen, die Sie als hässlich, gemein und dumm empfinden. Vielleicht sind Sie hin- und hergerissen und spüren, dass bestimmte Dinge einfach wahr sind. Damit mag zwar einerseits eine gewisse wohltuende Klarheit einhergehen, aber andererseits auch eine Härte oder Schärfe, der Sie womöglich lieber aus dem Weg gehen wollen. Manche Menschen scheuen auch die Konsequenzen, die sich aus dem Akzeptieren gewisser unbequemer Wahrheiten ergeben könnten. Darum hüllen sie sich selbst sowie die aufkeimende Wahrheit lieber in Nebel und Wolken, um alles vage und unbestimmt zu lassen.

Erinnern Sie sich an die sechs transzendenten Tugenden von Kapitel 7? Eine davon ist Geduld oder Akzeptanz. Letztere bezieht sich u. a. darauf, dass wir lernen, auch unangenehme Wahrheiten an uns heranzulassen und sie auf uns wirken zu lassen. Die entsprechenden Konsequenzen werden sich dann von alleine ergeben.

Auch unter schwierigsten Bedingungen lieben

Vielleicht fragen Sie sich, wie Menschen, die ganz unmittelbar und körperlich mit Gewalt und Brutalität, mit Gemeinheit, Ungerechtigkeit und Ausbeutung konfrontiert werden, an gute Kräfte in anderen oder in der Welt glauben sollen? Es scheint fast unmöglich, unter solchen Umständen nicht zu verzweifeln, zu hassen, Rache zu schwören und Vergeltung zu fordern.

Selbstverständlich müssen wir uns gegen Gewalt und Ungerechtigkeit wehren, nur leider geschieht das oft durch die erneute Anwendung von Gewalt, was sich schnell zu einer Spirale von Hass und Gegenhass entwickelt. Keine Frage: Ohne den Aggressor zu hassen, sich gegen dessen Gewalt zu wehren, ist sehr schwer.

Allerdings gibt es überall auf der Welt Beispiele von Menschen verschiedenster religiöser Prägung, die selbst inmitten von Terror und Unterdrückung nicht von ihrer Ausrichtung abließen, an das Gute im Menschen zu glauben, und denen es gelang, ihre Peiniger nicht zu hassen. Solche Menschen sind wahre Helden und Heldinnen, wirkliche Bodhisattvas und verdienen unsere ganze Hochachtung, Bewunderung und Unterstützung! Sie können zudem als Inspiration für uns alle dienen, dass es tatsächlich möglich ist, sogar in Extremsituationen eine offene Haltung anderen gegenüber zu bewahren. Bis wir so weit sind, üben wir einfach im Alltag mit einfacheren Situationen.

Anknüpfungspunkte für Schmerz und Leid

Situation	Symbol oder Wunsch
Sie haben Probleme oder empfinden Schmerz und Leid.	„Mögen andere Wesen von solchen Problemen und von Schmerz frei sein."
Das Leid der anderen wahrnehmen	„Mögen diese Wesen, die wie meine Brüder und Schwestern sind, frei von diesem Leid sein."
In den Nachrichten von Gewalt und Krieg hören oder sehen.	„Möge es uns allen gelingen, Aggression loszulassen und uns mit Respekt und Vertrauen zu begegnen."
Gier wahrnehmen	„Möge es uns allen gelingen, Gier zu erkennen und loszulassen und stattdessen Großzügigkeit und Freundlichkeit zu üben."
Die Verschlossenheit des eigenen Herzens spüren	„Möge es mir bald gelingen, auch für meine Feinde Liebe und Mitgefühl zu empfinden."

14

Besondere Klänge

„Oh Freunde, nicht diese Töne!
Sondern lasst uns angenehmere anstimmen.
Und freudenvollere!"

Einleitung zu Friedrich Schillers
***Ode an die Freude** in der von Beethoven verwendeten Fassung.*

Welche Töne stimmen Sie an im Laufe Ihres Tages? Welche Klänge verbreiten Sie in Ihrer Umgebung? Angenehme Klänge der Freude und Harmonie oder eher kritische Töne, Missklänge von gegenseitigen Vorwürfen und Konkurrenz? Wenn die Worte nicht *stimmen*, sinkt häufig auch die *Stimmung* zwischen zwei Menschen oder in einer Gruppe.

Und von welchen Klängen sind Sie täglich umgeben? Wie klingt für Sie die Welt – Ihre Welt? Und wie wirken sich diese Klänge auf Ihre Stimmung aus?

Wir wissen intuitiv, dass sowohl unser eigenes Wohlergehen als auch das Zusammensein mit unseren Mitmenschen und unserer gesamten Umwelt mit „Schwingen" und „Klingen" zu tun haben, mit „richtig gestimmt sein" oder „sich abstimmen". Hier geht es also um Klang, Vibration und Bewegung. Und so können wir unser Thema von Verbindung und Vernetzung mit der Erleuchtung auch ausdrücken als „uns in Einklang bringen mit der erwachten Welt“ oder „uns auf die Welt der Erleuchtung einstimmen“. Das bewusste Wahrnehmen von Klängen und Stimmungen um Sie herum lässt sich dementsprechend mit dem Wunsch verbinden: „Mögen sich alle Lebewesen auf den Klang des Erwachens einstimmen.“

Schiller preist in seiner Ode das Band der Freude und Freundschaft, mit der die Menschen verknüpft sind. Hier lässt sich eine Parallele ziehen zu unserem Bild des Netzes und der wechselseitigen Verbundenheit aller Lebewesen. Und unser Streben auf dem spirituellen Weg besteht darin, diese wechselseitigen Bande zwischen uns allen zu Banden der Liebe und des Mitgefühls und auch zu Banden der Freude werden zu lassen, anstatt uns weiterhin unter dem Vorzeichen von Aggression und Gier zu begegnen.

Freude, schöner Götterfunken

Woher soll denn nun plötzlich die Freude kommen, wundern Sie sich vielleicht, wo wir doch im letzten Kapitel so viel von Leid, Schmerz und Kummer gehört haben. Nun, wirkliche und beständige Freude ist, so die Botschaft des Buddha, in unserem gewöhnlichen Dasein, d.h. in der bedingten, von Gier, Hass und Verblendung angetriebenen Existenz tatsächlich nicht zu finden. Das soll aber nicht heißen, dass die Möglichkeit zur Freude im Buddhismus gänzlich negiert würde.

Was wir in unserem Leben als Freude erleben, gilt als schwache Version von wirklicher Freude, die mit der Loslösung von schädlichen Gewohnheiten und dem Abwerfen der Ich-Illusion einhergeht. Aus der buddhistischen Perspektive ist die höchste Freude das Erwachen. Nicht umsonst sieht man oft ein Lächeln auf dem Gesicht von Buddhastatuen. Erleuchtung ist offenbar keine traurige Angelegenheit! In vielen Lehrreden ist von der Freude der Zuhörer des Buddha die Rede, die nach dem Hören der jeweiligen Unterweisungen aufgekommen ist. Denn die durch die Unterweisungen erhaltende Wahrheit muss nicht immer unangenehm sein, sondern kann, wenn wir uns ihr öffnen, erhebend und befreiend sein. Die Wahrheit fühlt sich gut und richtig an, wenn wir uns an sie gewöhnt haben. Die Anhänger des Buddha haben das gespürt und schätzten sich glücklich, einen solchen wahrhaften Pfad gezeigt zu bekommen.

Unsere gewöhnliche Freude ist somit eine Verbindung zur höchsten Freude des Erwachens zum Wohle aller. Sie kommt aus einer erwachten Quelle – im Sprachgebrauch Schillers ist sie ein „schöner Götterfunke". Zum einen ist es also möglich, Ihre persönliche, alltägliche Freude mit dem Wunsch zu verbinden, dass alle Lebewesen solche Freude empfinden mögen. Zum anderen können Sie das Wahrnehmen von Freude in Ihnen und anderen auch mit dem Gedanken verknüpfen: „Mögen alle Lebewesen die höchste und wichtigste Freude des Erwachens zum Wohle aller erfahren."

Zudem können Sie sich mit einer weiteren erleuchteten Qualität verbinden: der Mitfreude. Damit ist im Buddhismus speziell die Freude darüber gemeint, dass andere heilsame Gedanken haben, sich für andere einsetzen und Gutes tun. Es ist auch die Freude darüber, dass andere die seltene Gelegenheit haben, sich intensiv mit dem spirituellen Pfad zu befassen und Meditation üben zu können. Mitfreude ist das Gegenteil von Neid, Eifersucht und Missgunst. Im Alltag können wir diese Tugend pflegen, indem wir zunächst üben, uns mit den uns nahestehenden Menschen zu freuen, sei es über eine gelungene Schularbeit Ihres Kindes, einen beruflichen Erfolg Ihrer Frau oder Ihres Partners oder über die Urlaubsreise von Freunden. Wie schon eingangs erwähnt, ist geteilte Freude nicht nur doppelte Freude, sondern wird im weltweiten Netz zur unendlichen Freude. Freuen Sie sich also ruhig von ganzem Herzen mit Ihren Lieben und gönnen Sie diese Freude auch allen anderen Lebewesen.

Im vorigen Kapitel war von der schrittweisen Ausdehnung des Mitgefühls die Rede. Entsprechendes gilt auch für Mitfreude. Zunächst pflegen wir die Mitfreude mit den erleuchteten Qualitäten der uns nahestehenden Menschen. Als nächster Schritt folgt, sich über das Gute in denjenigen zu freuen, die Ihnen nicht so wichtig erscheinen und schließlich auch über das Gute in Ihren „Feinden“. Auch wenn Ihnen dies im Moment noch äußerst schwierig erscheinen mag, so wird es doch mit Sicherheit im Laufe der Zeit gelingen.

Der Klang des Erwachens

Wenn wir uns nun in Einklang bringen wollen mit der Welt des Erwachens, stellt sich die Frage: Wie klingt diese Welt des Erwachens? Ist es eine Art Sphärenmusik oder ein Klang, der alles bisher Bekannte übersteigt? Tatsächlich wird in buddhistischen Erzählungen davon berichtet, dass bei der Geburt des Buddha – und auch bei anderen besonders weit entwickelten Menschen – eine Art himmlische Musik zu hören war. In einigen Varianten der Lebensgeschichte des Buddha heißt es, dass ein fremd klingendes Lied den Prinzen Siddhartha, der in seinem ummauerten luxuriösen Palast bislang zufrieden gewesen war, dazu gebracht hat, sich zu fragen, was jenseits der Palastmauern liege. Das Lied hatte wohl eine Sehnsucht nach Unbekanntem, Fremdem in ihm entfacht.

Auch die Erfahrung der Erleuchtung oder Erlebnisse, die Menschen sehr nahe an die Erleuchtung heranführen, werden oft von Klängen begleitet, manchmal aber eher von Klängen, die durch Mark und Bein gehen und erschüttern. Über Wu-men, von dem wir am Anfang von Kapitel 12 ein Gedicht kennengelernt haben, wird Folgendes berichtet: Eines Tages, als die große Trommel geschlagen wurde, um die Mittagszeit anzuzeigen, erfuhr er beim Hören des Trommelschlages plötzlich Erleuchtung. Er schrieb daraufhin ein Gedicht, das mit den Worten beginnt:

„Aus heiterem Himmel, bei strahlendem Sonnenschein –
plötzlich ein Donnerschlag …“

In der Zen-Tradition wird häufig von plötzlichem Donnerschlag gesprochen, der das Ohr des Übenden trifft und ihm eine Öffnung des Geistes ermöglicht und damit eine ganz direkte und neue Erfahrung jenseits des Denkens, ein Erleuchtungserlebnis. Man spricht auch von einem Klang, der wie das Brüllen eines Löwen ist: mächtig, furchtlos, durchdringend und markerschütternd. Gewohnte Anschauungen stürzen in sich zusammen und, ähnlich wie bei einem plötzlichen Donner, kommt es dadurch zu einer momentanen Öffnung des Geistes für die Wirklichkeit, für die wahre Natur der Dinge und des Seins.

Nun, einen Donner werden Sie nicht alle Tage hören, aber vielleicht doch gelegentlich ein plötzliches, lautes Geräusch. Sie zucken zusammen, halten sich das Herz oder rufen vor Schreck etwas. Vielleicht sind Sie auch einen Moment lang wie gelähmt. Das ständige Denken im Hintergrund wird für einen Augenblick unterbrochen. Manchmal schämen wir uns danach fast, lachen verlegen: „Ach, bin ich jetzt erschrocken!" Es ist, als wollten wir die plötzliche Lücke im Denken entschuldigen und möglichst schnell wieder füllen.

Stattdessen könnten wir den Nachhall des „Donnerschlages" einfach in uns wirken lassen und darauf vertrauen, dass eines Tages ein solcher Donner zum vollständigen Erwachen führen wird.

Wie schon erwähnt, wird in den buddhistischen Schriften noch ein anderer markanter Laut erwähnt: das Brüllen des Löwen. Es steht im Allgemeinen für die unerschrockene Haltung des Buddha, die Wahrheit zu sagen, auch wenn diese für manche Zuhörer schockierend sein mag. Chögyam Trungpa Rinpoche bezeichnet das „Löwengebrüll" als das Gelübde der Bodhisattvas. Sie versprechen damit, mit allen Lebewesen und mit jeder Lebenssituation umzugehen, d.h. sich niemals abzuwenden. Nach Rinpoche ist es ist die furchtlose Proklamation, dass jeder Geisteszustand – und dazu gehören auch starke Emotionen – etwas ist, womit man umgehen kann und dass man das auch tun wird. Dies bezieht sich wieder auf die Disziplin der Offenheit. Die Idee ist, sich sogar den aufwühlenden Emotionen zuzuwenden, anstatt zu versuchen, sie zu manipulieren oder zu dämpfen, um sie unschädlich zu machen.

Hier geht es darum, die Beschaffenheit und Eigenart dieser Emotionen zu spüren, ihre Energie zuzulassen – ohne sich aber von der Emotion leiten und drängen zu lassen. Kein einfacher Weg. In unserer Buddhistischen Gemeinschaft Longchen ist *Das Brüllen des Löwen* der Name eines intensiven dreijährigen Meditationsprogramms, in dem wir interessierte Menschen auf eben diesem Weg der Offenheit begleiten und unterstützen.

Wo können Sie nun im Alltag einen Löwen brüllen hören, außer im Zoo? Nun, im übertragenen Sinne hören Sie das Brüllen des Löwen jedes Mal, wenn jemand seinen Standpunkt furchtlos und selbstbewusst äußert, mit klaren, überzeugenden Argumenten, aber ohne Aggression; wenn jemand Stellung bezieht, Verantwortung übernimmt, sich sichtbar macht: „Hier bin ich und das ist mein Standpunkt." In solchen Momenten können Sie sich an das Löwengebrüll des Buddha erinnern, an seine furchtlose Proklamation der Wahrheit.

Ihre innere Stimme

Wenn wir noch einen Moment beim Hören bleiben, so können wir natürlich auch nach innen lauschen. Wie steht es mit Ihrer inneren Stimme? Hören und beachten Sie sie? Damit ist nicht das ständige „Geplapper" von Gedanken gemeint, das unaufhörlich in unserem Kopf stattfindet, auch nicht unbedingt das, was wir als Gewissen bezeichnen, sondern eher die Stimme des Herzens – etwas ganz tief in uns, das weiß, was getan oder nicht getan werden muss.

Um diese Stimme zu hören, gilt es zunächst, die oberflächlichen Geräusche, das ständige Gerede in unserem Geist nicht überzubewerten und dem nicht unsere gesamte Aufmerksamkeit zu schenken. Dies wird in der Meditation geübt. Die oberflächlichen Geräusche in unserem Geist sind wie Wellen auf einem See oder dem Meer. Sie verändern sich ständig, mal ist die Oberfläche aufgewühlt, mal ruhiger, verschiedene Strömungsmuster sind zu sehen. Das ist an sich kein Problem. In der Tiefe, die von den oberflächlichen Bewegungen nicht beeinträchtigt wird, ist es ruhig. Das entspricht unserer eigenen tiefen Natur des Seins, mit der wir uns nach und nach stärker verbinden können. Auch in dieser Tiefe sind Schwingungen, auf die wir entspannt lauschen können. Wir geben ihnen Raum, damit sie zu uns sprechen können. Aus diesen Tiefen steigt dann gelegentlich etwas an die Oberfläche, und zwar spontan, deutlich, klar und durchaus vernehmbar. Dies ist es, was hier mit innerer Stimme gemeint ist. Und wir können lernen, dieser inneren Stimme immer mehr Vertrauen zu schenken.

„Singen ist die eigentliche Muttersprache des Menschen"

Dieses Zitat stammt von dem weltberühmten Geiger Yehudi Menuhin. Das Singen und seine Auswirkungen auf den Menschen sind wissenschaftlich inzwischen gut erforscht. Laut einem Pionier der Singforschung, dem Musikpsychologen Karl Adamek, ist das Singen für die Entfaltung des Fühlens so wichtig wie die Sprache für die Entwicklung des Denkens. Er bezeichnet Mitgefühl als die höchste Stufe des Fühlens und leitet daraus ab, dass Singen im Kern des Menschseins liegt.

So wird das Singen in manchen Krankenhäusern inzwischen gezielt zur Unterstützung der Gesundung und auch zur Förderung des inneren Selbstheilungsprozesses der Patienten eingesetzt.[4] Aktuelle Studien belegen, was Sie sicherlich auch schon erfahren haben: Singen ist ein *Gesundheitserreger*, es stärkt das Immunsystem und wirkt antidepressiv – besonders das gemeinsame Singen in einer Gruppe.

Singen Sie gerne? Jeder kann summen und singen, quasi vor sich hin klingen. Und die meisten Menschen erleben dabei eine gewisse Freude, Entspannung oder ein Gefühl der Leichtigkeit.

---

4 siehe *www.singende-krankenhaeuser.de*

Warum also nicht singen – und sei es unter der Dusche oder beim Autofahren – mit dem Gefühl, auf diese Weise freudvoll mit dem ganzen schwingenden Universum in Kontakt zu sein.

Der Gänsehautfaktor

Sind Sie manchmal zu Tränen gerührt von Musik? Oder kommt es vor, dass Sie wie gebannt vor einem bestimmten Gemälde oder einer Fotografie stehen und sich darin verlieren? Auch von erhabenen Berglandschaften, der Weite der Wüste oder der Üppigkeit eines Regenwaldes sind manche Menschen so ergriffen, dass sie still werden und tief berührt sind. Was passiert hier?

Man spricht in diesem Zusammenhang vom *Gänsehautfaktor*, vor allem in der Musik. Tatsächlich ist Musik einer der häufigsten Auslöser für eine tiefe Berührtheit und Ergriffenheit, bei der man eine Gänsehaut bekommt und einem „Schauer über den Rücken laufen". Diese Ergriffenheit, oft durch Schönheit oder Erhabenheit ausgelöst, gilt im Buddhismus als erstes Stadium dessen, was Priti genannt wird und zu den sogenannten Sieben Erleuchtungsfaktoren gehört. Die Intensität einer solchen Ergriffenheit kann sich in fünf Stadien verstärken und steigern, bis hin zu einer Art Ekstase, die dann eine Brücke zu tiefer Konzentration und Samadhi bildet. Damit tritt man in eine andere Erfahrungswelt ein, in der Körper, Geist und Gedanken entspannt, in Einklang und Harmonie sind. Dadurch ist eine enorme geistige Stabilität möglich, die das Auftauchen von Einsichten in die Natur der Dinge ermöglicht.

Lassen Sie also die Rührung oder Ergriffenheit, die Sie vielleicht bei bestimmter Musik empfinden, ruhig zu. Es ist ein natürliches Phänomen und Sie brauchen sich auch Ihrer Tränen nicht zu schämen. Diese Art von Berührtsein ist ein Vorgeschmack dessen, was Ihnen in der buddhistischen Meditationspraxis begegnen kann, wenn Sie die wirkliche Bedeutsamkeit bestimmter Einsichten, z.B. in die Vergänglichkeit allen Seins, spüren und diese Sie ergreift und mitnimmt. Das Empfinden von Gänsehaut lässt sich somit verbinden mit dem Gedanken: „Möge ich alle Stufen der Ergriffenheit *(priti)* durchlaufen und zur Erleuchtung zum Wohle aller gelangen."

Befreiung durch Hören

Erleuchtung durch das Hören von Musik? Das wäre wirklich zu schön! Allerdings kann Musik in andere Bewusstseinszustände führen und Musiker wie Zuhörer berichten darüber, dass Sie beim Hören von Musik die Zeit vergessen. Wer sich ganz der Musik hingibt, erlebt das bloße Hören, d.h. eine reine Wahrnehmung von Klang, ohne den Eindruck von „Ich" höre „etwas", ohne die Zweiteilung in Subjekt und Objekt. Versuchen Sie doch einmal, einfach nur das „Hören" zu sein. Eine ähnliche Anleitung gab es bereits in Kapitel 5 für das Gehen. Es geht um ein möglichst direktes Wahrnehmen, ohne Begriffe und Bewertungen. Dies führt zu einer intensiveren Erfahrung im Hier und Jetzt und gleichzeitig zu einer Ahnung von der Unwirklichkeit Ihres gewohnten Weltbildes.

Aber tatsächlich gibt es die Idee, durch Hören Erwachen oder zumindest tiefe Einsichten zu erlangen. Besonders im Dzogchen und in den buddhistischen Tantras ist die direkte mündliche Unterweisung von Lehrer zu Schüler von zentraler Bedeutung. Diese wird gelegentlich auch so vorgenommen, dass der Lehrer dem Schüler die Unterweisung ins Ohr flüstert. Dieses unmittelbare Hören kann den Schüler tief berühren und für neue Erfahrungen öffnen.

Erwachen durch Hören bedeutet auch, dass man einer Erklärung der buddhistischen Lehre zuhört und sich an entsprechende Unterweisungen und Übungen erinnert. Der wörtliche Titel des sogenannten „Tibetischen Totenbuchs" lautet nämlich „Befreiung durch Hören im Zwischenzustand". Dieses Buch soll einem Menschen im Sterbeprozess und auch nach dem Tod vorgelesen werden, damit er sich an die Anleitungen und Meditationsübungen erinnert, mit denen er sich zu Lebzeiten vertraut gemacht hat und dadurch die Angst und Verwirrung in diesem Zwischenzustand zwischen Leben, Tod und Wiedergeburt überwindet und Erwachen erlangt.

Dem können wir uns annähern, indem wir das aufmerksame Zuhören pflegen (siehe auch Kapitel 8). Besinnen Sie sich einfach gelegentlich darauf, der Welt insgesamt und insbesondere den anderen Menschen aufmerksam zuzuhören. Eine solche heilsame Gewohnheit wird es Ihnen im Sterbeprozess erleichtern, sich von anderen an Ihre spirituelle Ausrichtung erinnern zu lassen.

Synästhesie

Klänge nehmen wir nicht nur mit den Ohren wahr, sondern wir spüren die Schwingungen der Musik im ganzen Körper. Das weiß jeder, der schon einmal bei einem Konzert neben dem Lautsprecher stand. Weiterhin gibt es Verbindungen zwischen hörbaren Klängen und sichtbaren Farben. Das finden wir in sprachlichen Ausdrücken wie *Klangfarbe*, *Farbton* oder *Farbkomposition*. Man denke z.B. an den Maler Wassily Kandinsky und seine abstrakten „Klangbilder".

Das mag Ihnen wie ein poetischer Vergleich vorkommen, kann aber durchaus wörtlich und direkt gemeint sein. Denn es gibt Menschen, die Farben hören, Formen schmecken und Gerüche auf der Haut fühlen, d.h., sie haben mehrere Sinnesempfindungen gleichzeitig. Man nennt sie Synästhetiker. Einer unter 300 Menschen (nach manchen Untersuchungen eine weit höhere Zahl) verfügt über diese besondere, vermutlich vererbbare Begabung, die überwiegend bei Frauen festzustellen ist. Bei ihnen löst ein Sinnesreiz neben der herkömmlichen Wahrnehmung zusätzliche Empfindungen aus, also z.B. neben der optischen Wahrnehmung von Farben auch ein Hören der Farben. Dieses neurologische Phänomen rührt von einer erweiterten Sinnesverknüpfung im limbischen System her, bei „Farbhörern" ist im Gehirn somit neben dem Hörzentrum gleichzeitig auch das Sehzentrum aktiv. Menschen mit dieser besonderen Begabung berichten, dass nicht jeder, der ein Synästhetiker ist, dies unbedingt bemerkt. Das erweiterte Wahrnehmen kann auch fast unbewusst stattfinden und ignoriert werden. Auch hier geht es also um ein bewussteres Wahrnehmen der Fülle.

Aus der tibetisch-buddhistischen Tradition ist bekannt, dass ein solches Zusammenkommen von Sinneswahrnehmungen nach langjähriger regelmäßiger Meditationspraxis ganz von alleine entstehen kann, d.h., wir alle haben im Grunde diese Fähigkeit. Wir können daraus auch schließen, dass die Sinneswahrnehmungen letztlich nicht so grundverschieden voneinander sind, wie wir das gemeinhin annehmen. Vielleicht ist das, was wir da wahrnehmen, nicht so eindeutig in bestimmte Kategorien wie „Hören", „Sehen" etc. einzuordnen.

Das Ganze mag Ihnen absurd erscheinen, aber vielleicht haben Sie doch Lust bekommen, mit Ihren Sinneseindrücken ein wenig spielerischer umzugehen. Vielleicht schließen Sie beim Musikhören ohnehin gern die Augen und lassen sich von den Klängen durchfluten. Sehen Sie dabei etwas? Oder betrachten Sie doch einen kräftigen Farbton einmal etwas länger und eingehender, tauchen Sie gleichsam in die Farbe ein und fragen Sie sich: „Wenn dieser Farbton einen Klang hätte, wie würde er wohl klingen?"

Auch wenn sich für Sie daraus keine besonderen zusätzlichen Wahrnehmungen ergeben, könnte dieses spielerische Experimentieren zu einem intensiveren Erleben der Welt beitragen und wohl auch zu mehr Wertschätzung für Schönheit, Wohlklang und Ausgewogenheit in Ihrer Umwelt. Staunen und freuen Sie sich ruhig über all das Schöne, das Sie umgibt. Freude und Wertschätzung erheben uns, stimmen uns feierlich und würdevoll und lassen sich wunderbar ins Netz der Erleuchtung einspeisen.

Vernetzung für Klänge und Musik

Situation	Symbol oder Wunsch
Sie nehmen Klänge und Stimmungen um sich herum wahr.	„Mögen sich alle Lebewesen auf den Klang des Erwachens einstimmen."
Erleben von Freude und Mitfreude	„Mögen alle Lebewesen die höchste und wichtigste Freude des Erwachens zum Wohle aller erfahren."
Donner oder andere plötzliche laute Geräusche	„Möge ich den Donnerschlag der Erleuchtung hören."
Sie bekommen eine Gänsehaut.	„Möge ich alle Stufen der Ergriffenheit *(priti)* durchlaufen und zur Erleuchtung zum Wohle aller gelangen."
Jemand verkündet furchtlos, laut und deutlich seinen Standpunkt.	„Mögen wir uns als Bodhisattvas furchtlos jeder Situation zuwenden."
Sie hören der Welt und anderen Menschen aufmerksam zu.	„Möge ich mich im Sterbeprozess von anderen an meine spirituelle Ausrichtung erinnern lassen."

15

Allerlei Schauspiele

Vom Theater war schon im ersten Kapitel die Rede. „Vorhang auf, die Vorstellung beginnt“, war die Devise für den Morgen, als Sie die Vorhänge vor Ihrem Fenster öffneten. Dann zogen Sie die Kostüme für Ihre jeweilige Rolle an, Hemd und Krawatte, weiße Bluse oder „Blaumann“. Während des Tages spielen Sie dann die entsprechende Rolle an Ihrem Arbeitsplatz und verschiedene andere Rollen in unterschiedlichen sozialen Gruppen. Allein, sich dieser Tatsache zu erinnern, könnte Ihnen helfen, manches, was Ihnen in Ihrer jeweiligen Rolle begegnet, ein wenig leichter und mit einer Prise Humor zu nehmen.

Das Leben – ein Theaterspiel?

Unser Leben insgesamt ist eine Art Spiel, das wir im Theater des Universums aufführen, wobei nicht immer eindeutig festzumachen ist, ob wir Regisseur, Bühnenbildnerin, Akteur oder nur

Zuschauer, oder aber alles zusammen sind. Hinter so manchen Rollen und Masken verstecken wir uns oder benutzen sie als Ausrede, um Aggression oder Stolz auszuleben. Andere Rollen füllen wir aus Scheu oder Angst gar nicht richtig aus und schöpfen die Fülle unseres kreativen Potentials somit auch nicht aus.

Wünschen Sie sich gelegentlich, aus der einen oder anderen Rolle herauszukommen, sei es beruflich oder privat? Haben Sie Lust, einmal aus Ihrer Rolle zu fallen? Das mag zu manch einer Überraschung führen. Vielleicht würden Sie auch am liebsten insgesamt Urlaub von Ihrem eigenen Leben nehmen? Das ist schon schwieriger, denn, wie Sie wissen: Ganz egal, wie weit Sie auch reisen, vor sich selbst können Sie nicht weglaufen. In mancher Hinsicht scheinen wir also in unserem eigenen Theater festzustecken. Dennoch lässt sich, wie Rigdzin Shikpo immer wieder betont, im Theaterspiel unseres Lebens etwas ganz Entscheidendes ändern, indem wir eine neue und positive Komponente in das Spiel einführen: Bodhicitta.

Bodhicitta, der erwachte Geist und das erwachte Herz, verändert unseren Blick auf das Theater des Lebens und unser eigenes Verhalten darin. Enge, kleinliche, ichbezogene Belange treten allmählich in den Hintergrund und die Ausrichtung auf das Wohl aller wird als bestimmende Kraft in unserem Leben immer stärker spürbar. Egal, in welcher Rolle wir uns gerade befinden, die Motivation zu agieren kommt dann aus dem Herzen, und wir üben uns darin, Klarheit, Freundlichkeit und Großzügigkeit auszusenden. Auch wenn Ihnen das wie ein sehr hohes, unrealistisches Ideal erscheinen mag, stellt sich die Frage: Worum sonst könnte es in diesem Leben gehen?

Spiel, Geschicklichkeit und Schönheit

Im Schauspiel unseres Lebens sowie auf dem spirituellen Weg insgesamt wirken drei Aspekte: Spiel, Geschicklichkeit und Schönheit. So üben wir z.B. in der Meditation den geschickten Umgang mit Gedanken und Emotionen. Wir lernen, uns von diesen nicht einfach erschrecken oder wegführen zu lassen, sondern erlangen im Laufe der Zeit eine gewisse kreative Fertigkeit im Umgang mit uns selbst, im Umgang mit Herz und Geist. Allmählich gelingt es uns, ichbezogene Gedanken und Emotionen bereits im Augenblick ihres Auftauchens zu bemerken und nicht auf sie hereinzufallen. Wir durchschauen sie als bloße dynamische Erscheinung, die keine eigenständige Existenz oder gar Stofflichkeit besitzt und daher nicht festgehalten oder abgelehnt werden braucht. Die Gedanken lösen sich im Lichte dieser klaren Sicht von selbst wieder auf, sie befreien sich, wie es im Dzogchen heißt, von allein.

Bis wir zu diesem Punkt gelangen, wird es einige Zeit dauern, während der wir eben ausprobieren und experimentieren, spielen und üben, einfach so gut, wie es uns jeweils gelingt. Und wir wissen intuitiv, ob das Spiel in die richtige Richtung geht oder nicht, denn wir haben als Lebewesen einen Sinn für Wahrheit und tiefere Bedeutsamkeit, für Schönheit und Ästhetik. Wir spüren zumindest eine Ahnung von Wahrheit, Schönheit oder auch Leichtigkeit, wenn wir uns nach und nach aus der Knechtschaft unserer gewohnten Gedanken und Emotionen befreien. Sich nicht in der bisher üblichen Weise vom Karussell der Emotionen herumschleudern zu lassen, erfordert zwar die schon oft genannte und manchmal viel Kraft kostende Disziplin der Offenheit und des Sichhinwendens, führt andererseits aber zu ganz neuen Entdeckungen im eigenen Erleben. Bislang ungeahnte Möglichkeiten, auf Situationen und Menschen zu antworten, eröffnen sich. Das fühlt sich einfach gut und richtig an.

Immer wenn Sie eine neue Fertigkeit erlernen, sei es der Umgang mit einem technischen Gerät, eine Fremdsprache oder ein Tanz, so kommen diese drei Aspekte – Geschicklichkeit, Spiel und Schönheit – zum Tragen. In solchen Lernsituationen könnten Sie die Analogie bemerken zum Umgang mit Gedanken und Emotionen auf dem spirituellen Weg.

Rollentausch

Wie sieht es nun mit den Rollen und dem Rollenspiel der Menschen um Sie herum aus? Sicherlich haben Sie schon öfter versucht, sich in eine andere Person hineinzuversetzen, um ihre Sicht, ihre Gefühle und Reaktionen besser zu verstehen. Gerade bei Konflikten kann ein Perspektivenwechsel sehr auflockernd und hilfreich sein und ganz neue Gesichtspunkte an den Tag bringen. Zuweilen macht uns erst ein Rollentausch verständlich, welchen schwierigen Part und vielleicht auch welche Bürde ein anderer da die ganze Zeit hatte. Versuchen Sie doch einmal, Ihre Kollegen, Freunde und Familienmitglieder vor dieser Kulisse zu betrachten.

Geschichten des Lebens

Mit Schauspielen geht es oft auch in Freizeit und Kultur weiter. Haben Sie Freude an Geschichten? Vielleicht lesen Sie gerne, gehen regelmäßig ins Theater oder schauen sich mit Vorliebe Filme an. Wir sprechen davon, welche Geschichten ein Film, ein Buch oder ein Theaterstück „erzählt". Gute Autoren entführen uns in andere Welten, Kulturen und Zeiten. Aber sind es nicht vor allem die Menschen, die uns dabei interessieren? Irgendetwas scheint uns zu faszinieren an solchen Berichten, Erzählungen und Geschichten vom Leben anderer Menschen. Lebensgeschichten berühren uns, geben uns Orientierung oder sind ein abschreckendes Beispiel. Manche zeigen ganz neue Möglichkeiten auf und ermutigen uns, etwas „Unerhörtes" zu wagen, wieder andere scheinen die vermeintliche Begrenztheit unseres eigenen Lebens zu spiegeln. Immer taucht die Frage auf, wie Menschen mit ihrer Herkunft, ihrer Umgebung, vielleicht mit ihrem Schicksal umgehen. Das lässt uns über unser eigenes Leben nachdenken: Welche Kräfte wirken da, welche vermeintlichen oder wirklichen Grenzen beengen uns, welche Gelegenheiten bieten sich uns an?

Schönes und Schreckliches

In vielen Filmen und Berichten wird, zuweilen in berührenden und Atem beraubenden Bildern, die Schönheit von Landschaften, von Kunst und Kultur gezeigt. Wie im „realen“ Leben auch lässt sich all das Schöne, das Sie da wahrnehmen, wie auch die damit einhergehenden Empfindungen von Freude, ehrfurchtsvollem Staunen oder von Erhabenheit den Buddhas als Gabe darbringen.

Durch Nachrichten in den Medien hören und sehen wir allerdings auch viel Schreckliches: Krankheit und Tod, Gewaltverbrechen und Korruption, Erdbeben und Überschwemmungen, Flugzeugabstürze und Autounfälle. Oft bleibt man angesichts von so viel Leid ratlos zurück. Wie soll man damit umgehen? Hier gilt das, was im Kapitel „Schmerz und Leid“ bereits vorgeschlagen wurde: Man lässt das Leid durchaus an sich heran und wünscht: „Möge das Leid dieser Menschen schnell ein Ende haben“. Sie können sich bei den schrecklichen Nachrichten auch an ähnliches Leid erinnern, das andere Lebewesen schon erdulden mussten. Es wäre gut, wenn Sie Fernseher oder Computer für einen Moment ausschalten und sich Zeit geben würden, Ihren Herzenswunsch zu spüren: „Mögen alle Lebewesen frei werden von Leid!“

Schein und Wirklichkeit

Was macht für Sie die Qualität eines guten Fernseh- oder Kinofilms aus? Die Authentizität der erzählten Geschichte, Spannung, eine gelungene Bildersprache, die „Special Effects“? Lassen Sie sich bereitwillig von einem Film hypnotisieren und sich in seine Wirklichkeit hineinziehen, so dass Sie alles um sich herum vergessen? Geht es Ihnen auch so, dass Sie sich mit bestimmten Figuren identifizieren, die dargestellten Emotionen miterleben, angespannt, empört oder gerührt sind, lachen und weinen oder Angst haben? Oder mögen Sie gerne, wenn es Sie gruselt? Gleichzeitig wissen Sie natürlich, dass nichts von dem Gezeigten real ist, sondern bloß eine optische Täuschung, von der Sie sich bereitwillig manipulieren und Ihre Nerven „kitzeln“ lassen: die perfekte Illusion.

Buddhistische Lehrer der heutigen Zeit ziehen Film und Fernsehen deshalb gern als Beispiel und Analogie heran, um die Illusionshaftigkeit unseres Lebens zu illustrieren. Hier wird etwas auf eine weiße Fläche projiziert, digitale Informationen in Bilder übertragen, und wir halten diese dann für real. Die Analogie zu unserem vermeintlich realen Leben ist offensichtlich. Auch da fallen wir immer wieder auf Scheinwirklichkeiten herein, indem wir diese für real halten und entsprechend emotional reagieren, wie auf Knopfdruck (siehe Kapitel 8). Wird Ihnen also während eines Kinofilms plötzlich bewusst, dass es sich um bloßen Schein und reine Illusion handelt, könnte Ihnen die Idee kommen, dass Ihr eigenes Leben ebenfalls nur Blendwerk ist.

Denn Ihr Leben, Ihre Welt, Ihre Emotionen werden in einem tieferen Sinne auf die reine Wirklichkeit projiziert, ähnlich wie ein Film von einem Filmprojektor auf eine Leinwand. Sogar unser eigener Film, in dem wir die Hauptrolle spielen, ist letztlich eine Illusion. Das mag sich unbehaglich anfühlen, eröffnet andererseits aber auch viel mehr Spielraum für uns. Warum nicht einmal Ihre Rolle verändern und umschreiben, aus der Rolle fallen und etwas Neues ausprobieren? Wie oben schon angedeutet, lassen sich neue Elemente in das Spiel hineinbringen, in unserem Kontext ist damit in erster Linie Bodhicitta gemeint, die Ausrichtung auf das Wohl der anderen. Wenn Sie das nächste Mal aus dem Kino herauskommen, könnten Sie sich erinnern: „Auch mein eigenes Leben ist bloß ein Film.

Anknüpfungspunkte für Theater, Film und Fernsehen

Situation	Symbol oder Wunsch
Etwas Neues erlernen und dabei die Wechselwirkung zwischen Geschicklichkeit, Spiel und Schönheit bemerken	„Möge ich auf ähnliche Weise den Umgang mit Gedanken und Emotionen erlernen.“
Im Fernsehen oder Film wird Schönes gezeigt.	„Mögen die Buddhas all diese Schönheit als Gabe annehmen.“
Im Fernsehen oder Film wird Gewalt oder Not gezeigt.	„Mögen alle Lebewesen von solchem Leid frei sein.“
Während des Films wird Ihnen bewusst, dass es sich bloß um einen Film handelt.	„Möge ich die scheinbare Wirklichkeit als bloße Illusion durchschauen.“
Sie tauchen nach dem Ende eines Films gleichsam wieder auf.	„Möge Bodhicitta in den Film meines Lebens eintreten und es bedeutsam machen.“

16

Nichtstun und Langeweile

Auch ein Bodhisattva darf einmal Pause machen und einfach nichts tun, oder?

Ja, aber selbst das Nichtstun ist eine Kunst. Nichts zu tun ist vielleicht das Schwierigste überhaupt. Das glauben Sie nicht? Ergeht es Ihnen nicht auch so, dass Ihnen, wenn es wirklich nichts zu tun gibt, schnell langweilig wird? Dann halten Sie womöglich nach sinnvollen Beschäftigungen Ausschau und überlegen: „Vielleicht sollte ich ins Sportstudio gehen oder einen Ausflug machen, den Fernseher einschalten oder mich mit Freunden treffen." Auch innerlich suchen Sie vermutlich nach Abwechslung: Sie spielen eventuell mit Ihren Gedanken, erwägen, was am nächsten Tag wohl geschehen könnte, erinnern sich an ein Gespräch oder einen Film und denken darüber nach, erleben die entsprechenden Emotionen von Neuem. Oder aber Sie werden beim Nichtstun müde und schlafen ein.

Was in diesem Kontext mit Nichtstun gemeint ist, ist ein Entspannen in unsere eigene Natur, in unser eigenes Sein. Das ist im Grunde genau das, was wir in der Meditation üben, möglichst ohne uns dabei anzustrengen: einfach *sein*, ganz direkt und unmittelbar, wach und aufmerksam. Jeder, der das einmal probiert hat, stellt fest, dass wir so etwas Einfaches selten schaffen. Stattdessen versuchen wir unseren Geist zu kontrollieren, ihn dazu zu bringen, sich auf den Atem oder ein anderes Meditationsobjekt zu konzentrieren. Wir führen innere Dialoge darüber, ob wir uns in einer bestimmten Situation richtig oder falsch verhalten haben und wir strecken unsere Fühler ins Morgen hinein aus, in die nahe und ferne Zukunft und malen uns aus, was wir dann besser machen werden und wie es uns dann ergehen wird. Oder aber wir malen schwarz und stellen uns vor, was alles Schreckliches passieren könnte. Und wenn wir uns bei all diesen Gedanken ertappen, schimpfen wir uns womöglich noch innerlich und machen uns selbst Vorwürfe, dass wir nicht richtig meditiert haben, und nehmen uns vor, uns mehr anzustrengen und uns besser zu konzentrieren …

Stattdessen könnten wir unserem Denken und Fühlen, unserem Geist einfach erlauben, sich „auszutoben“, in dem Vertrauen, dass er sich allmählich von allein beruhigen wird und sich niederlässt. Es sei an das Bild von Wellen und Wasser erinnert: Gelegentlich ist das Wasser im See oder im Meer aufgewühlt, aber es beruhigt sich mit der Zeit von alleine wieder – wenn wir im übertragenen Sinne nur endlich damit aufhören würden, ständig darin herumzurühren und es aufzuwirbeln.

Die Botschaft ist, dass wir uns sowohl in der Meditation als auch im Alltag entspannen und nichts tun dürfen – im Sinne von nicht zu manipulieren und nicht zu versuchen, uns und unser Denken und Fühlen zu etwas zu zwingen, was es nicht ist. Und genau dies könnten Sie also tun (oder besser: nicht tun), wenn es in Ihrem Tag Pausen und Lücken gibt, und seien diese noch so klein.

Kleine Pausen zum Nichtstun nutzen

Tatsächlich finden sich selbst in einem vollen Arbeitstag kleine Pausen, z.B., bis ein Computerprogramm geladen ist, nach einem Telefonat, beim Aufräumen, in der Kaffeepause oder auf der Toilette. Auch wenn ein bestimmter Arbeitsvorgang abgeschlossen ist, ergibt sich eine Lücke. Diese könnten Sie sich bewusster machen, indem Sie kurz aufstehen und aus dem Fenster schauen oder zumindest einige Male bewusst atmen und Ihren Geist entspannen, bevor Sie sich dem nächsten Projekt zuwenden.

Anstatt solche kleinen Lücken und Minipausen sofort unbarmherzig mit zusätzlichen Tätigkeiten zu füllen, könnten Sie sie gleichsam für Ihr wahres Sein zurückerobern und sich in ihnen genau das gönnen, was Ihrer wahren Natur entspricht: vertrauensvoll in Ihrem wahren Sein zu ruhen und nichts zu tun.

Ergibt sich also im Laufe Ihres Tages eine Pause, und sei sie noch so kurz, dann entspannen Sie sich vertrauensvoll mit dem Gedanken: „Ich ruhe einfach in meiner wahren Natur. Mehr gibt es nicht zu tun. Alles andere wird sich von alleine fügen."

Falls Sie eine kleine Hilfestellung für das Nichtstun wünschen, dann könnten Sie versuchen, Ihren Körper zu spüren. Bemerken Sie, wie Sie sitzen oder stehen. Spüren Sie den Boden, die Erde unter sich, auch wenn Sie sich im 5. Stock eines Hochhauses befinden. Erden Sie sich. Atmen Sie tief und geben Sie Ihr Gewicht an die Erde ab. Sie trägt es ohne Weiteres. Bemerken Sie, dass viel Raum um Sie herum ist. Entspannen Sie sich in alle Richtungen in diesen Raum hinein. Er bietet für alles Platz, was es nur gibt auf der Welt, auch für Ihre Probleme und Sorgen. Richten Sie sich auf, in eine würdevolle Haltung – wie ein Buddha, wie ein Berg. Atmen Sie tief weiter und lassen Sie für ein paar Augenblicke die Zügel Ihrer geistigen Angestrengtheit los – alle Ihre Überlegungen zu aktuellen Projekten und Plänen für die Zukunft. Gestatten Sie Ihrem Geist einfach, dass er sich ausdehnt, in die Weite des offenen Raumes hinein. Sie dürfen dieses Loslassen auch mit einem Seufzer der Erleichterung verbinden: „Ah!" Wenn Sie Ihren Mund dabei leicht öffnen, kommt vielleicht ganz von allein ein

Gähnen. Lassen Sie es einfach zu. Wenn möglich, öffnen Sie das Fenster oder die Tür und atmen Sie einige Male tief frische Luft ein, bevor Sie sich wieder an Ihre Arbeit begeben.

Sie werden feststellen, dass solche Momente der geistigen Entspannung enorm erfrischend sind. Im Grunde ist das Meditation, wenn auch nur ganz kurz. Chögyam Trungpa Rinpoche beschreibt dies so:

> *„Die Meditationspraxis könnte umschrieben werden als das Herstellen einer Verbindung zu kühler Langeweile, erfrischender Langeweile, zu einer Langeweile, die wie ein Gebirgsbach ist. Sie erfrischt, weil wir nichts zu tun haben oder irgendetwas erwarten."*[5]

Damit ist natürlich nicht gemeint, dass Sie nur noch faul in der Ecke oder auf dem Sofa herumsitzen sollen. Es geht um die Einstellung zu uns selbst, zu unserem Geist, zu unserem tiefsten Sein. Dieses Sein brauchen (und können) wir nämlich nicht verändern und bearbeiten, es ist einfach, wie es ist. Und dieses Sein ist keineswegs passiv, sondern sprudelt vielmehr ganz von alleine Impulse zum Handeln hervor. Der spirituelle Weg besteht u. a. darin, diese Impulse aus der Tiefe des Seins, unsere wirkliche innere Stimme, von den gewohnten, ichbezogenen Impulsen unterscheiden zu lernen, die eher an der Oberfläche sind.

Langeweile aushalten

Wie gehen Sie mit Langeweile um? Macht es Sie nervös, wenn Ihnen langweilig ist? Empfinden Sie Langeweile eventuell als Zeichen von Schwäche und mangelnder Ausgefülltheit im Leben? Gehört es nicht zum guten Ton, Stress zu haben? Wer Stress hat, der ist wichtig, der hat Erfolg, der ist „in". Wie das obige Zitat

---

5 Chögyam Trungpa: *Der Mythos Freiheit und der Weg der Meditation,* Seite 62

von Trungpa Rinpoche verdeutlicht, geht es in der Meditation u. a. darum, Langeweile auszuhalten und keine Erwartungen zu haben, was beim Meditieren geschehen sollte.

Vielleicht haben Sie Lust, in Ihrem Leben öfter ein wenig Langeweile zuzulassen und z.B. einfach nur dazusitzen und in den Himmel zu schauen oder ohne ein konkretes Ziel spazieren zu gehen und sich treiben zu lassen. Das wird zu mehr Entspannung führen und unserem Drang, ständig mit wichtigen Dingen beschäftigt zu sein, entgegenwirken.

Aus dem Zulassen der Langeweile heraus, aus der Lücke und der damit verbundenen Offenheit könnten dann ganz neue, kreative Impulse und Ideen hervorkommen, von denen Sie selbst überrascht sein mögen.

Das spirituelle Hamsterrad

Die innere Tendenz, immer wie im Hamsterrad zu laufen, nehmen die meisten Menschen mit hinein in den spirituellen Bereich. Es mag bei Ihnen wegen der großen Zahl der in diesem Buch aufgezeigten Anknüpfungspunkte an das Netz des Erwachens der Eindruck entstanden sein, Sie müssten einen großen Kraftaufwand betreiben, um den Kontakt zur Erleuchtung herzustellen und aufrechtzuerhalten, um dadurch gute Menschen zu werden, die anderen helfen können. Deshalb soll noch einmal daran erinnert werden, was das Dzogchen, die „Große Vollendung", so betont: Wir können auf die Natürlichkeit unseres Seins vertrauen!

Das Dzogchen macht deutlich, dass es letztlich nichts zu tun gibt – jedenfalls nicht im Sinne eines ichbezogenen, ehrgeizigen Strebens. Denn alle Ihre Impulse kommen letztlich aus einer ganz anderen Quelle: aus Ihrem wahren Sein, aus der Buddha-Natur. Vor diesem Hintergrund geht es darum, das zuzulassen, was Ihrem wahren Sein entspricht und bereits in Ihnen vorhanden ist. Sie brauchen in dem Sinne nichts Neues zu erlangen. Deshalb können Sie sich getrost entspannen, zurücklehnen, vertrauen und sich öffnen, für das, was ist.

Spirituellen Materialismus vermeiden

Es ist von enormer Wichtigkeit, uns immer wieder daran zu erinnern, dass alles Wesentliche bereits in uns vorhanden ist. Sonst besteht die Gefahr, dass wir das betreiben, was Chögyam Trungpa Rinpoche „spirituellen Materialismus" nannte: Wir kämpfen mit zusammengebissenen Zähnen ehrgeizig darum, uns zu verbessern und unsere vermeintlich schlechten Seiten zu unterdrücken. Jeden scheinbaren Fortschritt in dieser Richtung verbucht das vermeintlich existente Ich als Plus auf seinem Konto. Stolz blickt es auf viele Stunden der Meditation und Stapel von gelesenen Büchern. Auch die eine oder andere Einsicht oder besondere spirituelle Erfahrung beansprucht das Ich gerne als sein Eigentum. Am liebsten würde es sogar die Erleuchtung in der Form einer Medaille in seine Sammlung von Errungenschaften einreihen. Das heißt, das Ich, oder vielmehr die Illusion von einem Ich, wird durch den spirituellen Materialismus zu einer Art Monster hochgezüchtet.

Um nicht auf diesen Irrweg des Festhaltens an und Ausbauens der Illusion von einem Ich – und zwar im Namen des spirituellen Fortschritts – zu geraten, brauchen wir diese Anleitung zum Nichtstun und wiederholte Unterweisungen unserer Lehrer und Lehrerinnen über die Nichtexistenz eines solchen Ich. In früheren Kapiteln wurden diverse Symbole für die Leerheit oder Ungreifbarkeit der Ich-Illusion und der Welt genannt, die diese Einsicht fördern: unser Spiegelbild, ein Regenbogen, ein Film. Auch die Übungen, nur zu sehen oder zu hören, ohne in Subjekt und Objekt einzuteilen, führt uns in diese Richtung.

Grundlage ist wiederum die Disziplin der Offenheit. Allmählich kann sich dann neben dem Vertrauen in das eigene, wahre Sein – jenseits der Ich-Illusion – noch ein anderes Vertrauen einstellen: Vertrauen in die Inspiration, die nicht nur aus der Tiefe des eigenen Seins aufsteigt, sondern uns auch von außen begegnet: die Inspiration und die Unterstützung der Buddhas und Bodhisattvas, der Lehrer und Lehrerinnen unserer Tradition und unserer Freunde unserer Gemeinschaft. Dies kann erlebt werden als treibender

Rückenwind oder eine Art Fahrzeug, das uns trägt. Nicht umsonst spricht man im Buddhismus von „Fahrzeugen“: Es ist nicht nötig – und aus der Dzogchen-Sicht letztlich auch gar nicht möglich –, den spirituellen Weg ganz allein für sich, zu Fuß und unter großer Anstrengung bis zum Ziel zurückzulegen. Warum nicht in ein Fahrzeug einsteigen und sich gemeinsam mit anderen weitaus bequemer und über eine viel weitere Strecke mitnehmen lassen? Wir sprachen bereits im Kapitel „Unterwegs sein“ darüber, dass Sie diesen Anknüpfungspunkt nutzen können, sobald Sie in einen Bus, einen Zug oder ein anderes Transportmittel einsteigen.

Mit Zeit spielen

Die Schwierigkeit, nichts zu tun, hat auch mit unserer vermeintlichen oder wirklichen Zeitknappheit zu tun. Warum hat eigentlich niemand mehr Zeit? Zu einem großen Teil liegt das sicherlich an der modernen Arbeitswelt. Aber ein anderer Grund dafür, dass wir immer so geschäftig sind, ist in unserer Vorstellung darüber begründet, was Zeit eigentlich ist. Wir stellen uns Zeit als eine begrenzte, lineare Abfolge von Momenten vor. Tatsächlich sprechen wir ja davon, Zeit zu nutzen oder Zeit zu verschwenden, so als gäbe es nur eine bestimmte und begrenzte Menge davon. Andererseits scheint sich die Zeit zu bewegen, ja zu rasen. Und wir hetzen ihr hinterher. Das führt, auch in der sogenannten „Freizeit“, zu immensem Zeit- und Termindruck. Alles und jeder soll immer noch schneller werden: laufende oder schwimmende Sportler, Autos, Züge und Flugzeuge, das Surfen im Internet, Arbeitsabläufe jeder Art, aber auch die Lösung von Situationen im menschlichen Bereich: das Erwachsenwerden, Gesundung nach einer Krankheit, Trauer nach dem Verlust eines lieben Menschen. Wir eilen durch das Leben, als hätten wir Angst, etwas zu versäumen. Was aber sollte uns entgehen, wo wir doch alles, was wirklich wichtig ist, bereits in uns tragen?

Sicher haben Sie schon oft erfahren, wie sich wenige Minuten zu einer gefühlten Ewigkeit ausdehnen, wenn Sie auf etwas warten, und andererseits Stunden wie im Fluge vergehen, wenn Sie mit geliebten Menschen zusammen sind oder sich mit Dingen befassen, die für Sie neu und interessant sind. Unsere Zeiterfahrung ist offenbar subjektiv und von verschiedenen äußeren Faktoren abhängig.

Im buddhistischen Kontext untersucht man in der Meditation das eigene Erleben von Zeit etwa in folgender Weise: Man macht sich auf der Ebene der Erfahrung klar, dass Gedanken über Vergangenes uns keineswegs in die Vergangenheit katapultieren, sondern dass dieses Denken und Fühlen hier und jetzt stattfindet. Und auch wenn wir über die Zukunft Vermutungen anstellen, finden diese im gegenwärtigen Moment statt. Dann untersucht man, was der gegenwärtige Moment eigentlich ist. Doch jedes Mal, wenn man glaubt, die Gegenwart identifiziert zu haben, ist sie einem schon wieder entwischt und zur Vergangenheit geworden.

Mit solchen Meditationen wird unser starres Raster von Vergangenheit, Gegenwart und Zukunft aufgeweicht und es eröffnen sich neue Arten der Erfahrung. Ein direktes und unmittelbares Erleben wird möglich, das letztlich nicht an Zeit geknüpft ist.

Das Avatamsaka-Sutra lehrt auch, dass im kleinsten Moment ein endloses Zeitalter enthalten ist. Deshalb braucht uns kein Moment der Lücke oder Pause zu kurz und unbedeutend erscheinen, um ihn als Gelegenheit zu nehmen, unseren Geist zu entspannen. Wenn Sie möchten, lassen sich diese Zusammenhänge auch noch weiter führen: So wie sich kleinster Moment und Ewigkeit wechselseitig durchdringen, so sind diesen Lehren gemäß auch Potential und Verwirklichung miteinander verknüpft, so wie im Samen eines Baumes bereits der ganze Baum angelegt und vorhanden ist. Zeit in unserem gewöhnlichen Verständnis ist also ebenfalls eine Illusion.

Das lässt sich auf Ihre Arbeit und Ihre Projekte übertragen. Sie können zu Beginn eines neuen Projekts das Vertrauen haben, dass das Projekt im Grunde schon erfolgreich abgeschlossen ist. Denn Zeit fällt zusammen, morgen ist jetzt. Die Aufgabe ist in gewisser Weise schon erledigt, und deshalb können Sie sie nun ganz entspannt und gelassen durchführen!

Anknüpfungspunkte für das Nichtstun und für Langeweile

Situation	Symbol oder Wunsch
Es ergeben sich während des Tages kurze Pausen.	Atmen und denken: „Ich ruhe in meiner wahren Natur. Mehr gibt es nicht zu tun. Alles andere wird sich von alleine fügen."
Sie verspüren Langeweile.	Halten Sie die Langweile einen Moment lang aus, im Vertrauen, dass aus einer wirklichen Lücke neue Impulse hervorkommen.
Sie verspüren Zeitdruck.	Erinnern Sie sich daran, dass Zeitempfinden subjektiv ist.
Sie beginnen ein neues Projekt.	Vertrauen Sie darauf, dass dieses Projekt in gewissem Sinne bereits erfolgreich abgeschlossen ist.

17

Den Tag ausklingen lassen

Nach einem langen Arbeitstag kehren Sie nun abends nach Hause zurück – und zwar zu Ihrem wahren Zuhause. Wenn Sie Ihre Haustür aufschließen, treten Sie über die Schwelle des Palasts der Buddhaschaft. Endlich sind Sie angekommen in Ihrem wahren Sein. Welch ein Glück! Ihr reines Buddhaland ist vielleicht mit weiteren Buddhas bevölkert, Ihrer Familie oder anderen Mitbewohnern. Hier mag hilfreich sein, das Kapitel 6 über das Ankommen am Ziel nochmals zu lesen.

Frei haben und frei sein

Viele Menschen ziehen gleich, nachdem sie zu Hause ankommen sind, ihre Arbeitskleidung aus. Die unbequeme Krawatte wird gelöst, der enge Kostümrock abgestreift. Wir haben schon öfter von den entsprechenden Rollen gesprochen, in die uns zuweilen bestimmte Kleidung zwingt und zwängt. Den ganzen Tag über mussten wir eine bestimmte Rolle einnehmen, steckten in darin fest und spielten sie, möglicherweise mit wenig Freude oder gar mit zusammengebissenen Zähnen und Widerwillen. Mit dem Ausziehen der Berufskleidung können Sie nun gleichzeitig jene Rolle ablegen. Das Spiel ist zu Ende. Spüren Sie dabei Erleichterung? Vermutlich ziehen Sie nun bequeme Kleidung an, das Signal, dass Sie es sich gemütlich machen dürfen. Sie haben jetzt „frei".

Was aber bedeutet Freiheit und Freizeit für Sie? Es lohnt sich, hier ein wenig nachzuspüren. Dabei könnten Sie sich daran erinnern, dass Freiheit im buddhistischen Sinne immer bedeutet, von Gier, Hass, Verblendung, Stolz und Neid frei zu sein. Hier wird von den Fesseln der Geistesgifte gesprochen, die uns im Kreislauf der Existenzen gefangen halten. Diese Fesseln zu lösen, von ihnen befreit zu sein – das ist wahre Freiheit.

Eine zusätzliche Dimension wird spürbar, wenn wir eine Aussage des großen Dzogchen-Meisters Longchen Rabjam aus dem 14. Jahrhundert heranziehen. Er sprach davon, dass es gar keinen Sinn mache, von Frei-Werden zu sprechen, denn wie könnten wir von Fesseln frei werden, die ohnehin niemals existierten? Hinter dieser Feststellung liegt allerdings eine sehr tiefe Einsicht in die Natur des Geistes und in die Leerheit aller Phänomene. Das Gefühl, unfrei zu sein, ist demnach nur eine Einbildung. Wir lassen uns von dem Auftauchen der Geistesgifte hypnotisieren und halten sie für real existierende Emotionen, auf die wir reagieren. Stattdessen ist es möglich, selbst starke Emotionen wie Gier oder Hass als bloße geistige Phänomene zu durchschauen, die zwar in unserem Geist auftauchen, aber genauso auch wieder verschwänden, wenn wir sie nur nicht als etwas Wirkliches und Gegebenes auffassen und danach greifen würden.

Die Dinge gut sein lassen

Am Abend wird Ihnen manches noch durch den Kopf gehen, was im Laufe des Tages geschehen ist. Eventuell tauschen Sie sich auch mit Ihrem Partner oder mit Freunden darüber aus, was der Tag gebracht hat. Vielleicht sind Konflikte aufgetaucht, die sich nicht sofort lösen lassen. Ein Spüren des eigenen Herzens ist dafür sicherlich hilfreich: Was stört oder verletzt mich hier und was stört und verletzt vielleicht mein Gegenüber? Allein durch Nachdenken lassen sich solche Unstimmigkeiten allerdings selten lösen. Eher ist es ein Stimmungswandel, der hilfreich ist, eine weitere Sicht und ein Vertrauen, dass sich die Dinge sicherlich lösen lassen.

Wie schon im Kapitel über das Nichtstun angedeutet, könnten Sie sich nun selbst die Erlaubnis geben, sich zu entspannen. Für heute haben Sie alles getan, was möglich war. Zerfleischen Sie sich nicht mit Selbstvorwürfen und lassen Sie die Dinge so sein, wie sie im Moment sind. Lassen Sie alles gut sein, auch wenn Sie vielleicht Fehler gemacht haben. Irren ist menschlich. Es wird sicherlich eine Gelegenheit geben, sich zu entschuldigen oder es das nächste Mal anders zu machen. Entspannen Sie sich einfach in Ihr natürliches Gutsein und widmen Sie die gesamte Aktivität Ihres Tages der Erleuchtung aller Lebewesen: „Möge der Nutzen aller meiner Handlungen dem Erwachen aller Lebewesen zugutekommen."

Weitere Wunschgebete könnten etwa so lauten: „Mögen alle Begegnungen und Verbindungen, die ich heute hatte, sich in positiver Weise entwickeln." Oder: „Mögen sich Probleme lösen."

Alle Hüllen und Masken fallen lassen

Irgendwann werden Sie auch Ihre Freizeitkleidung ausziehen und somit alle Hüllen fallen lassen. Für einen Moment lang stehen Sie nackt da – unverhüllt, ohne Rolle, ohne Maske, ohne Schleier, ohne Schminke. Im Kontext des buddhistischen Denkens legt man damit das ab, was die Buddha-Natur verdeckt. Es ist wie das Entfernen einer Maske: Wir schminken uns ab und unser wahres Gesicht, unsere wahre Gestalt kommt zum Vorschein. Wir werden nackt. Nacktheit ist ein Symbol für das Unverstellte, Unmittelbare und Natürliche, für das Eigentliche, ja letztlich für das Heilige. Es gibt nichts zu verbergen oder zu verstecken, alles ist offen, ganz natürlich, direkt und ungekünstelt. Wenn Sie sich von diesen Zusammenhängen inspiriert fühlen, denken Sie beim Ausziehen daran, alle Schichten, die bislang die Buddha-Natur verhüllt haben, abzulegen.

Die Vorstellung ist zu Ende

Und mit dem Ablegen jeglicher Hüllen ist die Theatervorstellung dieses Tages nun auch zu Ende. Sie ziehen jetzt die Vorhänge wieder zu: Der Vorhang auf der Bühne fällt und die Vorstellung – vielleicht auch die „*Ver*stellung" – ist vorbei. Zumindest endet nun ein Akt oder eine Szene aus diesem Schauspiel und es folgt eine Pause. Ein enormes Feuerwerk – ein weiteres Bild für die Erscheinungen der Welt – hat stattgefunden, vor dem Sie nicht nur staunend standen, sondern in das Sie sich auch wie in eine Wirklichkeit verwickelt hatten. Nun ist dieses Feuerwerk vorbei und der dunkle Nachthimmel umfängt Sie wieder. Sie können zur Ruhe kommen und sich entspannt ins Bett legen.

Anknüpfungspunkte für das Ausklingen des Tages

Situation	Symbol oder Wunsch
Sie kommen nach Hause.	Sie betreten Ihr wahres Zuhause, Ihr wahres Sein, den Buddhapalast.
Sie begrüßen zu Hause Partner, Familie, Freunde.	Damit begegnen Sie anderen Buddhas und treten mit diesen freundlich in Kontakt.
Sie ziehen Ihre Arbeitskleidung aus und haben „frei".	„Mögen alle Lebewesen Freisein von Leid erlangen."
Sie schließen die Vorhänge oder lassen die Jalousien herunter.	„Die Theatervorstellung des Tages ist beendet, das Ganze war nur ein Spiel."
Sie ziehen sich aus und sind nackt.	„Mögen alle Hüllen, die die Buddha-Natur bedecken, abfallen."
Sie lassen den Tag Revue passieren.	„Mögen alle Begegnungen und Verbindungen, die ich heute hatte, sich in positiver Weise entwickeln."

18

Schlaf und Traum

Nun ist es Abend und endlich können Sie sich zurückziehen und ins Bett legen. Genießen Sie die Bequemlichkeit, die Ruhe, die Entspannung, die wohlige Wärme! Dabei mag in Ihnen dankbar der Wunsch entstehen: „Mögen alle Wesen ein solch gemütliches, sauberes und warmes Bett haben.“

Einschlafen – der kleine Tod

Das Einschlafen sollte nicht – in umgekehrter Analogie zum Aufwachen – als ein Zurückfallen in die Unwissenheit betrachtet werden. Vielmehr können Sie darauf vertrauen, dass sich Ihr Geist dabei in seinen von Natur aus erleuchteten Zustand hinein entspannt und auflöst. Lassen Sie beim Einschlafen einfach in Ihr wahres Sein hinein los.

Beim Einschlafen durchlaufen wir einen Prozess, der seine Parallele im Sterbeprozess hat: Die fünf Sinneswahrnehmungen lösen sich nach und nach in eine tiefere Schicht des Geistes hinein auf. Das erleben wir als ein Verschwimmen und Zurücktreten der äußeren Wahrnehmungen. Dann gibt es einen Moment der Leere, eine Art Lichterfahrung, in der sich die wahre Klarheitsnatur des Geistes zeigt. Diese Erfahrung ist aber für die meisten Menschen zu kurz und zu überwältigend, als dass sie sich darauf einlassen könnten. Daher fallen wir an dieser Stelle eher in eine Art Ohnmacht und werden sozusagen bewusstlos, wir geraten in den traumlosen Schlafzustand. Danach tauchen dann Traumbilder auf.

Das Tibetische Totenbuch beschreibt den Sterbeprozess ebenfalls als eine Auflösung der fünf Elemente (Erde, Wasser, Feuer, Luft und Raum), aus denen sowohl unser Körper als auch unser Geist zusammengesetzt sind. Nach diesen Lehren bietet der Moment des Todes eine besondere Gelegenheit zur Erleuchtung, weil unser Geist, ungehindert durch den Körper, dann viel klarer und beweglicher als sonst ist, allerdings auch viel beeinflussbarer. Er lässt sich – wie ein Blatt im Wind – leichter von starken Emotionen wie Aggression oder Angst treiben und mitreißen. Auch im Sterbeprozess tritt eine besondere Erfahrung der Klarheit des Geistes auf, aber es heißt, dass nur in der Meditation geschulte Menschen diese Klarheit wahrnehmen und in ihr ruhen können. Die meisten anderen Menschen fallen in eine Bewusstlosigkeit. Wenn sie aus dieser herauskommen, tauchen die verschiedensten Erscheinungen auf, die man Erfahrungen des Zwischenzustandes oder Bardo nennt. Diese Erfahrungen dauern an, bis es zur Wiedergeburt kommt.

Der nächtliche Traum entspricht somit im Sterbeprozess den sogenannten Bardo-Erfahrungen nach dem Tod. Das Aufwachen am Morgen ist wie die Wiedergeburt in einem neuen Leben. Während wir jedoch beim täglichen Einschlafen und wieder Aufwachen unseren Körper als festen Bezugspunkt haben, löst sich dieser beim Sterben in einer dramatischen Weise endgültig auf. Deshalb wühlt der Tod uns emotional besonders auf. Es gibt dann keinen Körper mehr, auf den sich der Geist beziehen und zu dem er zurückkehren könnte.

Auflösung in der Meditation und in jedem Augenblick

Der Auflösungsprozess der Sinneswahrnehmungen (und beim Sterben auch des Körpers) wird im buddhistischen Kontext, wie gesagt, als Auflösung der Elemente beschrieben. Dabei ist die letzte Phase die Auflösung des Geistes in den Raum. Eben dies wird in der formlosen Meditation geübt: Wir erlauben beim Meditieren dem Geist, sich in den Raum hinein zu entspannen, während wir gleichzeitig aufmerksam und wach bleiben. Wenn der Geist immer raumhafter wird, nähert man sich einem Auflösungsprozess des „Ich" und das Festhalten an bestimmten Vorstellungen davon, was man für seinen Körper und seine Umgebung hält, lockert sich. Ein Eindruck von Weite und Gelöstheit entsteht, aus dem dann entsprechende Einsichten auftauchen.

Die Ausdehnung und Auflösung des Geistes in der formlosen Meditation ist somit eine weitere Parallele zu dem Prozess der Auflösung der Sinneswahrnehmungen, der beim Einschlafen sowie beim Sterben vor sich geht. Daher ist die formlose Meditation, regelmäßig und über lange Zeit hinweg angewandt, die beste Methode, sich darin zu üben, die Aufmerksamkeit in den Auflösungsphasen der Elemente und des Geistes aufrechtzuerhalten. Somit ist die formlose Meditation eine ideale spirituelle Vorbereitung auf den Sterbeprozess.

Der gleiche Auflösungsprozess, so betonen die buddhistischen Lehrer, geschieht auch von Moment zu Moment. Dies zu erkennen ist nur nach langjähriger, vielleicht sogar lebenslanger Übung möglich. Allerdings kennt wohl jeder „kleinere Tode" der Auflösung der Elemente, z.B., wenn uns ein Ereignis so erschüttert, dass wir gleichsam den Boden unter den Füßen verlieren. Unserer Energie scheint nach unten zu sinken und äußere Bezugspunkte werden undeutlicher. So schrecklich sich solche Momente anfühlen mögen, sie sind auch eine Chance, unser Haften an den Dingen für einen Augenblick loszulassen und die Welt danach mit neuen Augen zu betrachten.

Positive Gedanken vor dem Einschlafen

Bis zum Moment des Einschlafens klar und bewusst zu bleiben, ist sehr schwierig. Was Sie aber versuchen können, ist beim Einschlafen eine positive Einstellung und heilsame Gedanken aufrechtzuerhalten. Eingangs war bereits von dem Wunsch die Rede, dass alle Lebewesen ein warmes und bequemes Bett haben mögen, wie Sie es hoffentlich zu Hause Ihr Eigen nennen.

Viele weitere positive Gedanken sind möglich. Sie könnten sich z.B. auf den Wunsch ausrichten, dass es all den Menschen, denen Sie an diesem Tag begegnet sind, gut ergehen möge. Dabei können Sie, wenn es Ihnen hilfreich erscheint, die Hände auf Ihr Herz legen, um diesen Wunsch wirklich vom Herzen aus zu spüren. Bleiben Sie beim Einschlafen, solange es geht, entspannt bei diesem Herzenswunsch und schicken Sie ihn in das weite Netz des Erwachens hinein. Überlassen Sie sich mit diesem Wunsch dem Schlaf, im Vertrauen, dass der Wunsch im Netz des Erwachens weiterwirkt.

Sie könnten auch mit dem Gedanken einschlafen: „Morgen übe ich mich weiter darin, in allen Mitmenschen Buddha zu sehen." Mit diesem Wunsch vertrauen Sie Ihrem innewohnenden Gutsein, dass es sich im Laufe der Zeit entfalten wird. Auch wenn es Ihnen im Moment noch schwerfallen mag, Ihr Gegenüber inmitten von Konflikten nicht aggressiv herabzusetzen, so gehen Sie doch davon aus, dass Sie sich auf einem Entwicklungsweg zum Erwachen befinden, der sich in der Ihnen gemäßen Geschwindigkeit entfaltet.

Für Übende des Vajrayana gibt es diverse bildliche Vorstellungen für die Phase des Einschlafens, wie etwa, sich den Lehrer oder die Lehrerin über dem eigenen Kopf vorzustellen, oder zu denken, das Kopfkissen ist der Schoß des Lehrers oder der Lehrerin. So wie ein Kind seinen Kopf in den Schoß der Mutter oder des Vaters legt und dann vertrauensvoll und mit dem Gefühl, behütet und beschützt zu sein, einschläft, so überlässt sich ein Vajrayana-Praktizierender hingebungsvoll in der gefühlten Präsenz des Lehrers oder der Lehrerin dem Schlaf.

Die traumgleiche Natur der Welt

Wachen Sie nachts gelegentlich auf und erinnern sich an Ihre Träume? Oder wissen Sie am Morgen noch ganz genau, was Sie geträumt haben? Manche Träume scheinen bedeutungsvoll, über manche denken Sie vielleicht noch eine Weile nach oder die Stimmung des Traumes setzt sich in den Tag hinein fort. Dennoch können Sie die Welt, die Sie da im Traum erlebt haben, nicht nach Belieben fortsetzen und festhalten. Der Traum hat sich aufgelöst, er ist zu Ende. Stellen Sie sich doch einmal die Frage: „Wohin ist der Traum entschwunden?" Er ist ja nicht mehr da und hat Sie scheinbar in eine andere Wirklichkeit hinein entlassen.

Es ist sinnvoll, sich zu vergegenwärtigen, dass Träume eben nur Träume sind, und keine eigenständige, stoffliche, dort draußen existierende Wirklichkeit darstellen. Das Gleiche gilt im Prinzip für den gestrigen Tag. Auch der ist verschwunden und die Erinnerung an gestern ist im Grunde wie ein Traum. Auch das, was wir gerade im Moment erleben, wird uns morgen ebenfalls wie ein Traum vorkommen. Könnte also Ihr Leben, Ihre vermeintliche Wirklichkeit, nicht auch ein Traum sein? Der alte Trick, sich zu zwicken, hilft da nicht viel weiter, denn das Zwicken könnte durchaus Teil des Traumes sein. Während Ihres Tagesablaufs könnten Sie sich also gelegentlich fragen: „Was, wenn dies alles nur ein Traum ist?"

Das Leben nicht verschlafen

Wie viel Schlaf brauchen Sie, um sich ausgeruht und fit zu fühlen? Jeder von uns hat da bestimmte Bedürfnisse und, wie es scheint, Notwendigkeiten. Vielleicht erschrecken Sie aber auch darüber, wenn Ihnen vorgerechnet wird, dass Sie einen Großteil Ihres Lebens im wörtlichen Sinne verschlafen. Unsere Tagträumereien und Zeiten, in denen wir mit offenen Augen schlafen, sind dabei noch gar nicht mitgezählt. Kein Wunder, dass im Buddhismus so viel von „Aufwachen" gesprochen wird!

Von großen spirituellen Meistern und Meisterinnen wird berichtet, dass sie kaum schlafen und fast ihre gesamte Zeit für Gebet, Meditation und Unterweisungen anderer einsetzen. Sie scheinen unermüdlich, wie von einer unerschöpflichen Energiequelle gespeist. Inzwischen haben Sie oft genug von der Buddha-Natur gehört und so mag es Sie gar nicht erstaunen, dass Menschen, die ihre Energie nicht mit unnützen ichbezogenen Belangen vergeuden, tatsächlich einen direkten Zugang zu den unerschöpflichen Energieressourcen der Buddha-Natur haben und daher auch nicht so viel Schlaf brauchen wie wir anderen.

Müdigkeit und Schläfrigkeit gelten im Buddhismus zunächst einfach als weitere geistige Zustände, die man im Sinne der Übung von Offenheit wahrnimmt und möglichst bewusst erlebt. Zuweilen kann man sogar feststellen, dass gefühlte Müdigkeit mit einer inneren Abwehr oder Blockade gegen bestimmte Gesprächsthemen oder unbequeme Wahrheiten zusammenhängt. Andererseits werden Sie nach einem langen, ausgefüllten Tag tatsächlich erschöpft und müde sein. Auch das gilt es, einfach zu bemerken. Wenn Sie möchten, ist sogar mitten in der Schläfrigkeit noch ein Wunsch für die Zukunft denkbar: „Möge ich eines Tages keinen Schlaf mehr nötig haben und zur wahren Natur der Wirklichkeit aufwachen, so dass ich zum Wohle aller Lebewesen wirken kann!“

Anknüpfungspunkte für Schlaf und Traum

Situation	Symbol oder Wunsch
Sie spüren die Behaglichkeit im warmen Bett.	„Mögen alle Lebewesen ein solch warmes, gemütliches Bett haben."
Beim Einschlafen	„Mögen alle, denen ich heute begegnet bin, glücklich sein."
Sie überlassen sich dem Schlaf.	„Mein Geist entspannt sich in seine wahre Natur."
Sie erinnern sich an Träume.	„Ist nicht mein ganzes Leben wie ein Traum?"
Sie bemerken tagsüber oder am Abend, dass Sie schläfrig sind.	„Möge ich eines Tages keinen Schlaf mehr nötig haben und zur wahren Natur der Wirklichkeit aufwachen, so dass ich zum Wohle aller Lebewesen wirken kann!"

Anhang

Buddhistische Grundlagen

Das Verknüpfen von Alltäglichem mit der spirituellen Dimension geschieht in diesem Buch im Kontext der buddhistischen Lehre. Innerhalb des Buddhismus gibt es wiederum verschiedene Traditionen und Schulrichtungen. Hier spielen vor allem Ansätze aus dem Mahayana („großes Fahrzeug"), dem Dzogchen („Große Vollendung") und dem Vajrayana („diamantenes" oder „unzerstörbares Fahrzeug"), auch buddhistisches Tantra genannt, eine Rolle. Natürlich ist es unmöglich, diesen Hintergrund hier auch nur annähernd umfassend darzulegen. Dennoch sollen einige wichtige Grundprinzipien der eben genannten buddhistischen Richtungen aufgezeigt werden. Das mag Ihnen helfen, die in den einzelnen Kapiteln beschriebenen Verknüpfungen besser nachvollziehen und schätzen zu können.

Alle buddhistischen Traditionen nehmen ihren Ausgangspunkt bei dem historischen Buddha. Sein Leben wollen wir daher als Erstes betrachten, und zwar entsprechend unserem Ansatz der Vernetzung als Vorbild für unser eigenes Leben.

Das Leben des Buddha Shakyamuni als unser Vorbild

Wie kann der Buddha, der doch vor etwa 2500 Jahren im alten Indien lebte und als Bettelmönch barfuß durch die Gangesebene zog, für uns hier und heute ein Vorbild sein? Die Lebensgeschichte des Buddha wurde schon früh zu einer Art Legende ausgeschmückt, deren Einzelheiten in engem Zusammenhang mit den Inhalten der buddhistischen Lehre stehen. Tatsächlich können wir in unserem eigenen Leben Aspekte entdecken, die Parallelen mit dem Leben des Buddha aufweisen. Die Lebensgeschichte des Buddha kann somit eine Inspiration für unseren spirituellen Weg werden.

Der zukünftige Buddha wird in einer adeligen Familie geboren, in dem Ort Lumbini nahe der Stadt Kapilavastu, wo sein Vater Shuddhodana den Vorsitz des Adelsrates innehatte. Er ist somit ein Prinz in dieser Adelsfamilie, im Geschlecht der Shakyas. Er erhält den Namen Siddhartha. Als Buddha wird er später auch als Shakyamuni, d.h. der Weise *(muni)* aus dem Shakya-Geschlecht, bezeichnet.

Der Knabe Siddhartha wird nach seiner Geburt von Weisen und Sehern umringt, die die Zukunft des Prinzen deuten sollen. Großes schlummere in diesem Kinde, ein großer König könne er werden, ein sogenannter „Weltenherrscher", so deutet der Seher Asita die Zeichen, oder aber ein Erwachter, ein großer Weiser, der zum Wohle der Menschen wirken werde.

Für den Vater, glücklich über einen männlichen Erben, steht außer Zweifel, dass sein Sohn ein Herrscher werden soll, so wie er selbst einer ist, und dass er seinen Sohn zu seinem Nachfolger erziehen will. Gezielt hält der Vater alles von seinem Sohn fern, was ihn irgendwie betrüben und davon abhalten könnte, am Leben Freude zu finden. Der Prinz wuchs in einem luxuriösen Palast auf, umgeben ausschließlich von jungen, schönen und gesunden Menschen.

Siddhartha wird allmählich die Begrenztheit seiner Weltsicht bewusst, die sich nur auf das Leben im Palast beschränkt. Er bittet seinen Vater darum, ausfahren zu dürfen, um das Leben außerhalb des Palastes kennenzulernen. Der Vater willigt nur ungern ein, lässt die Straßen der Stadt entsprechend vorbereiten. Auch dort soll der Prinz nur Schönes und Angenehmes zu Gesicht bekommen. Aber plötzlich taucht da ein alter Mensch auf und Siddhartha sieht ihn. Er fragt seinen Wagenlenker, wer jener Mensch sei, der da so gekrümmt dastehe und so traurig dreinblicke. Nie zuvor hatte der Prinz so etwas gesehen. Channa, der Wagenlenker erklärt ihm, dass dies ein alter Mann sei. Der Prinz wundert sich: „Was heißt ‚alt'?" War der Mann schon immer alt oder geschah ihm dies erst vor Kurzem?" Channa antwortet, dass dieser Mann vor vielen Jahren genauso jung und kräftig wie alle anderen um ihn herum war, dass allmählich aber seine Kräfte abnahmen, sein Körper gebeugt wurde und sein Gesicht einfiel. Der Prinz fragt weiter: „Ist jener arme Mann der Einzige, der unter der Last des Alters leidet, oder geht es anderen genauso?" Channa antwortet: „Jeder muss einmal altern, auch Euer Vater, Eure Frau und Ihr selbst. Eines Tage werden die meisten von uns aussehen wie dieser Mann." Der Prinz war über diese Auskunft sehr erschrocken und ließ den Wagen umkehren. Im Palast zog er sich in seine Gemächer zurück und dachte dort lange Zeit über diese Begegnung nach.

Dieser ersten Ausfahrt folgen noch drei weitere, wobei Siddhartha der Reihe nach einen Kranken, einen Toten und einen Asketen sieht. Immer folgt danach ein ähnlicher Dialog mit dem Wagenlenker. Durch diese sogenannten „himmlischen Boten" wird der Prinz aufgeschreckt und aufgeweckt. Hier wird dramatisch und anschaulich dargestellt, womit alle Menschen konfrontiert werden: Wir bleiben nicht ewig jung. Wir sind zerbrechliche Wesen, wir werden krank, wir altern, wir sterben. Das Leben ist unbeständig, dynamisch, wechselhaft, vergänglich. Die Menschen leiden.

Diese Erkenntnis bricht plötzlich und ungestüm in das bisherige sorglose und behütete Leben des Prinzen und verändert ihn zutiefst. Er ist nicht mehr wie vorher, er ist betrübt, er grübelt, er sinnt nach. Die Freuden des Palastes sind ihm plötzlich schal und unbedeutend geworden. Und ganz allmählich reift in ihm der Entschluss: Es muss ein Ausweg gefunden werden aus diesem Dilemma, aus dieser leidvollen Situation – und zwar eine Lösung, die alle Menschen betrifft, nicht nur ihn selbst.

Der Asket, den er bei seiner letzten Ausfahrt getroffen hat, weist ihm die Richtung. Siddhartha beschließt, das Leben im Luxus aufzugeben und den Palast zu verlassen: Er geht in die „Hauslosigkeit". Das asketische Ideal der Hauslosigkeit war zu Siddharthas Zeiten in der upanischadischen Bewegung des Hinduismus verbreitet. Es ging darum, die Fesseln zu lösen, die einen spirituellen Lebenswandel beeinträchtigten: das „Weltgeschäft", Familie, Besitz und Freunde. Im Kapitel 4 „Das Haus verlassen" war davon die Rede, was Hauslosigkeit für uns in der heutigen modernen Arbeitswelt bedeuten könnte.

Siddhartha lässt all seinen Luxus, seinen Besitz und seine Annehmlichkeiten zurück und wandert zu Fuß in den Wald, um dort bei den bekannten spirituellen Lehrern seiner Zeit Unterweisungen über Meditation und Askese zu erhalten. Es sind Lehr- und Wanderjahre, die er durchlebt, immer auf der Suche nach einem Weg, der aus dem Leiden herausführt. Er erlebt extreme Schmerzen und Askese, magert bis auf Haut und Knochen ab, ohne dass ihn dies der Erlösung näher bringt.

Schließlich erkennt er, dass diese extreme Askese nur völliger körperlicher Schwäche führt. Er erhebt sich mit letzter Kraft von seinem Platz, schleppt sich zum Fluss und nimmt ein Bad. Zur gleichen Zeit treibt ein Boot vorbei, auf dem ein Musiklehrer seinem Schüler das Spannen eines Saiteninstruments erklärte: „Wenn die Saiten zu schlaff sind, können sie nicht klingen. Sind sie jedoch zu fest gespannt, reißen sie. Du musst die richtige Mitte finden." Diese Worte scheinen für Siddhartha wie ein Wegweiser. Zufällig kommt eine Hirtin vorbei, die den Geistern Speise darbringen will und diese nun dem abgemagerten Siddhartha gibt. Durch die Nahrung zu Kräften gekommen, überlegt er, dass es einen anderen Weg geben müsse, aus dem Kreislauf des Leidens herauszukommen. Er erinnert sich an ein Erlebnis aus seiner Kindheit, als er entspannt am Rande eines Feldes saß und meditierte. Diese Erinnerung inspiriert ihn, sich nun auf eine solche entspannte Weise entschlossen, aber ohne Härte zur Meditation niederzusetzen.

So bereitet er aus Grasbüscheln einen Sitz unter einem Baum und setzt sich mit dem festen Entschluss nieder, nicht eher wieder aufzustehen, bis er die Freiheit vom Leiden erlangt habe. Dieser unerschütterliche Entschluss ruft allerdings den Widerstand von Kräften hervor, die man als innere Negativität auffassen könnte. Sie wird hier jedoch als etwas Äußeres dargestellt und personifiziert als Mara und seine Heerscharen. Es wird berichtet, dass Mara nun mit allen Mitteln versuchte, Siddhartha vom Weg abzubringen und ihn daran zu hindern, Erleuchtung zu erfahren. Er schickt verführerische junge Frauen, Naturgewalten wie Sturm und Gewitter, böse Geister und Krieger mit schrecklichen Waffen. Doch all dies beeindruckt den Prinzen nicht im Geringsten. Es heißt, dass die Pfeile, die auf ihn abgeschossen wurden, sich in Blumen verwandelten und auf ihn herabregneten.

Da greift Mara zu seiner letzten List und versucht, das Vertrauen des Prinzen zu erschüttern und ihm einzureden, er sei es gar nicht wert, hier zu meditieren und so etwas wie Erleuchtung zu verwirklichen. Doch auch Maras verächtliche Worte lassen Siddhartha ungerührt. Schweigend berührt er mit seiner rechten Hand die Erde. Und die Erde bezeugt, dass Siddhartha den Weg des Guten, der Großzügigkeit und Geduld zum Wohle aller schon in unzähligen früheren Leben gegangen ist und schon seit vielen Lebzeiten meditiert. All dies hat er getan, um das Ende des Leidens zu finden. Er hat jedes Recht, diesen Weg nun bis zum Ziel zu gehen. Mara gibt sich geschlagen und verschwindet.

Siddharthas Meditation wurde tiefer, Unklarheiten und Hindernisse im Geist lösten sich auf, tiefe Einsichten in die Zusammenhänge des Lebens wurden ihm offenbar und schließlich vollendete er den Weg zum Ende des Leidens: Er erwachte. Nun war er ein Buddha, erfüllt von höchster Glückseligkeit. Viele Tage und Wochen verweilte er unter dem Baum der Erleuchtung. Der Gedanke kam ihm, dass es schwer war, diesen Zustand zu erreichen, und wohl unmöglich, andere diesen Weg zu lehren. Wieder tritt eine Kraft auf, die man einerseits als innere Stimme, andererseits als äußeres Wesen auffassen kann: Brahma erschien, der Höchste in der hinduistischen Götterwelt, und er bat den Buddha, seinen Weg auch anderen Menschen zu weisen. Denn es gebe auch Menschen, die nur wenig Staub in den Augen hätten und in der Lage seien, die Unterweisungen des Buddha zu verstehen. Ob nun als innere oder als äußere Stimme – der Buddha ließ sich dazu bewegen, anderen zu erläutern, wie er zum Erwachen gekommen war, d.h., er setzte das Rad der Lehre in Bewegung und verkündete seine Lehre. Sein ganzes restliches Leben verbringt der Buddha nun damit, anderen den Weg zur Buddhaschaft aufzuzeigen und zu weisen. Eine große Anhängerschaft, Mönche und Nonnen ebenso wie Laienanhänger und Laienanhängerinnen, sammelt sich um ihn und er wird von Königen und Fürsten seiner Zeit unterstützt. Auch nach dem Tod des Buddha breitet sich seine Lehre weiter aus, zunächst in Asien, später in der ganzen Welt.

Die Parallelen zu unserem eigenen spirituellen Weg sind offensichtlich, auch wenn wir keine Prinzen oder Prinzessinnen sind. Allerdings ist unser luxuriöser Lebensstil in der westlichen Welt durchaus vergleichbar mit einem Leben in einem königlichen Palast. Unsere Gesellschaft propagiert ewige Jugend durch Fitness und Kosmetik. Alter, Krankheit und Tod werden als Themen ausgegrenzt, die betroffenen Menschen werden in Heime verlegt.

Unser luxuriöser Lebensstil basiert allerdings auf Ressourcen, die inzwischen begrenzt sind. Darüber wird zwar viel diskutiert, aber es dauert lange, bis Änderungen eingeleitet und spürbar werden. Im Alltag ignorieren wir diese Probleme oft, auch deshalb, weil wir sie als Einzelpersonen nicht lösen können. In dieser Lage verlieren wir zuweilen das Gespür für den Sinn im Leben und für die Verbundenheit zwischen uns allen. Jeder Einzelne versucht einfach, für sich eine möglichst optimale Lebenssituation einzurichten und zu bewahren.

Doch die „himmlischen Boten", die den Prinzen Siddhartha auf die Grundtatsachen der Existenz aufmerksam machten, umgeben auch uns: Wenn es uns auch noch nicht selbst betrifft, so erleben wir doch, dass Verwandte und Freunde schlimme Krankheiten erleiden und manche daran sterben. Unsere Großeltern sterben, dann die Eltern, vielleicht auch schon ältere Geschwister und Freunde. Und es bleibt nicht aus, dass wir mit unserem eigenen Älterwerden konfrontiert werden: Graue Haare wachsen, Augen und Ohren werden schlechter, die Leistungsfähigkeit geringer. Diese äußeren Erfahrungen sind natürlich mit inneren Gefühlen verbunden: Trauer, Angst, Sorge, Verzweiflung, Resignation oder Wut. Am liebsten würden wir uns einfach nur auf die angenehmen Dinge des Lebens ausrichten und alles andere, das Negative und Bedrohliche, ignorieren.

Aber es gibt eine andere Möglichkeit: Der Buddha zeigte einen Weg aus dem Dilemma von Vergänglichkeit, Alter, Krankheit und Tod und dem damit verbundenen Leid. Und dieser Weg beginnt mit einem Entschluss, so wie ihn der Buddha gefasst hat: „Ich möchte einen Weg aus dieser leidvollen Situation finden, nicht nur für mich, sondern für alle Lebewesen."

Vielleicht ist dies nicht unbedingt Ihr Ansatzpunkt. Es könnte sein, dass Sie auf Ihrer spirituellen Suche eher angetrieben sind von dem Wunsch, einen tieferen Sinn im Leben zu entdecken. Vielleicht fragen Sie sich: „Was soll das alles?" „Wozu all die Mühen und Anstrengungen im Leben?" Auch auf diese Fragen hatte der Buddha eine Antwort. Und diese Antwort liegt in uns selbst, in unserer eigenen Natur und in der Verbundenheit mit allen anderen Lebewesen. Der Weg, diese Verbundenheit wieder stärker zu spüren, ist Offenheit, die Öffnung unseres Herzens.

Die Disziplin der Offenheit

Unser Alltag und die Welt, in der wir leben, werden im Mahayana und Dzogchen nicht abgelehnt und es wird keine Abschottung vor Sinneseindrücken gepredigt – was aber nicht heißt, dass man sich in die Belange der Welt blind verstricken soll. Es geht durchaus um eine grundlegende Disziplin, nur wird diese hier anders beschrieben, als Sie das vielleicht vermuten: Es geht um die Disziplin der Offenheit.

Offenheit bedeutet, sich allem, was uns begegnet, zuzuwenden. Das kann ein Mensch sein, eine neue Situation, ein Gefühl oder ein Gedanke. Sich zuwenden heißt, sich interessiert und ohne Angst auf das einzulassen, was da durch die Sinne und aus dem inneren Erleben auf uns zukommt. Man könnte auch sagen: Wir geben uns Zeit und Raum, eine Situation in ihrer Ganzheit zu fühlen und zu erspüren. Dann erst antworten wir auf die Situation. Die Antwort kann ein bestimmtes Handeln sein oder auch ein Nicht-Reagieren, ganz wie es der Situation angemessen ist. Bislang ist es eher so, dass wir auf die meisten Situationen möglichst schnell, zuweilen fast panikartig, reagieren, und zwar nach gewohnten, uns vertrauten, aber nicht unbedingt sinnvollen und heilsamen Mustern.

Die Übung der Offenheit ist somit einfach und schwierig zugleich. Denn wir haben die starke Gewohnheit, mit Erwartungen und Vorurteilen durchs Leben zu gehen und alles sofort zu bewerten, einzuteilen und einzuordnen. Wir verfügen über ein großes Arsenal von Strategien und Verhaltensschemata, um möglichst aus jeder Situation, wenn nicht als Sieger, so doch zumindest unbeschadet hervorzugehen.

In den Meditationsübungen des Dzogchen tastet man sich nun, zuerst in der geschützten Zeit der Meditation mit sich allein, an ein anderes Verhalten heran. Möglichst unvoreingenommen, ohne Vorurteile, freundlich und offen wendet man sich allem zu, was in einem auftaucht. Und ganz allmählich dehnt sich diese Haltung auch auf das übrige Leben aus – sie wird zu einer Lebenseinstellung.

Offenheit bedeutet jedoch nicht, dass wir jedem Menschen, der uns begegnet, unsere tiefsten Regungen anvertrauen müssen oder uns passiv von anderen alles gefallen lassen. Die Hinwendung zu allem und jedem schließt selbstverständlich auch die Hinwendung zu uns selbst mit ein. Wir brauchen nicht außer Acht zu lassen, wie es uns selbst geht oder wo unsere jeweiligen Grenzen sind. Es geht nur darum, uns nicht schon von vornherein aus reiner Gewohnheit zu verschließen und abzuschotten.

Wenn wir mit der Haltung der Offenheit ins Leben und in unseren Alltag gehen, wird deutlicher, dass jeder Moment, jeder

Gedanke und jedes Ereignis frisch, neu und einzigartig ist. Sehr schön können wir diese Offenheit für den Moment bei Kindern beobachten. Ein Kind, das die Welt entdeckt und erforscht, geht mit großer Neugier, mit Interesse und Aufmerksamkeit vor. Alles ist spannend, alles lädt zum Sehen, Tasten, Hören, Schmecken und Fühlen ein.

Als Erwachsene haben wir dann eher den Eindruck, es laufe täglich die gleiche, oft langweilige Routine ab. Dieses Gefühl lässt uns abstumpfen oder sogar resignieren. Wir geraten in eine Art Dämmerschlaf, das genaue Gegenteil von Erwachen oder Erleuchtung. Offenheit, Interesse und Neugier für das Leben sind daher die ersten wichtigen Schritte in Richtung Erwachen. Und wenn wir aufmerksam und unvoreingenommen hinschauen, entdecken wir überall Wunder und Rätsel: Wie funktioniert eigentlich das Internet? Was geschieht im Mikrokosmos des Blumenkastens? Warum träumt der Mensch? Was ist Liebe? Und ist die Komplexität unseres Körper nicht ein Wunder? – Ganz zu schweigen von den riesigen Dimensionen des Weltalls voller Galaxien, Sterne und Planeten. Mit der Disziplin der Offenheit geben wir uns die Möglichkeit, uns selbst, unsere Mitmenschen und unsere gesamte Umgebung in einem neuen Licht zu sehen.

Zudem bedeutet Offenheit das Üben von Nicht-Aggression. Vieles, was auftaucht in unserem Leben – und dazu gehören insbesondere die Verhaltensweisen unserer Mitmenschen –, gefällt und passt uns nicht. Wir reagieren unwillig, ungehalten oder sogar offen aggressiv, sei es, dass wir uns über eine Schraube oder ein Marmeladenglas ärgern, die einfach nicht aufgehen wollen, über ein vorbeifahrendes Auto, das uns nass spritzt, oder über eine ironische Bemerkung eines Arbeitskollegen.

Durch Offenheit kommt eine andere Qualität in all diese Situationen und Begegnungen mit anderen. Anstatt wie in Blindheit gefangen einfach um uns zu schlagen, blicken und spüren wir genauer hin, lassen Raum, lassen die Dinge erst einmal so sein, wie sie sind – und halten erst dann nach Lösungen Ausschau bzw. lassen die Lösung von alleine entstehen. Oft scheint dafür keine Zeit, weil wir meinen, schnell reagieren und handeln zu müssen. Dennoch können sich, wenn wir es nur zulassen, hier und da Lücken auftun, die in Kombination mit der Qualität Offenheit allmählich mehr Raum bieten für andere und neue Verhaltensweisen.

„Komm und sieh"

Die buddhistische Lehre ist im Wesentlichen eine Aufforderung und Anleitung zum Selbstversuch. „Komm und sieh" lädt uns der Buddha ein. Immer geht es um die eigene Erfahrung, niemals um bloße Theorie. Entsprechend gelten alle Anschauungen, Ansichten und theoretischen Erklärungen im Buddhismus als Modelle, die die Wirklichkeit immer nur umschreiben, niemals aber wirklich definieren können. Solche Modelle sind stets als Hilfsmittel gedacht, um starre Denk- und Verhaltensweisen in uns zu lösen. Danach gilt es, das entsprechende Modell oder die jeweilige Methode wieder loszulassen. Vielleicht brauchen wir dann eine andere Methode, um auf dem Weg weiterzukommen. Man könnte sagen, dass dies eine durchaus pragmatische, geradezu wissenschaftliche Vorgehensweise ist.

Alle Modelle und Methoden werden im Buddhismus als Fahrzeuge gesehen, die für unser Fortkommen wichtig und hilfreich sind, nicht aber als etwas, an das man sich als letzte Wahrheit klammern könnte. Der Buddha sagte einmal, dass man das Floß, das zur Überquerung des Flusses diente, nicht weiter mit sich herumtragen solle. Es hat seinen Zweck erfüllt und kann zurückgelassen werden. Ebenso ist es mit allen Anschauungen und Denkmodellen. Sie bringen uns zu bestimmten Erkenntnissen, sind dann aber nicht mehr nötig. Buddhaschaft ist keine Theorie, sondern eine Erfahrung. Und diese Erfahrung, so heißt es, ist letztlich jenseits von Worten, jenseits von Denken, jenseits von Anschauungen.

Wir haben unseren wahren Ursprung vergessen

Offenheit lädt ein zum Staunen über das Wunder des Lebens. Und zu diesem Wunder des Lebens gehört aus der Dzogchen-Sicht auch, dass alles aus dem gleichen Ursprung des Erwacht-Seins kommt. Das heißt, sowohl wir als fühlende, denkende Lebewesen als auch unsere Umgebung, die Welt, entspringen der gleichen Quelle. Diese Quelle ist nicht zu definieren und jenseits unserer gewöhnlichen Begriffe. Wir können sie nur umschreiben, z.B. als uranfängliches Sein. Diese Quelle wirkt in uns als unsere Buddha-Natur und kommt uns von außen entgegen als die Buddha-Qualitäten anderer Menschen und der Welt insgesamt. Deshalb symbolisieren im Grunde alle Erscheinungen in einer ganz lebendigen Weise eine bestimmte Qualität der uranfänglichen Natur des Seins.

Das Wasser, das dieser uranfänglichen Quelle entströmt, gefriert allerdings gelegentlich. Man könnte auch sagen, dass wir selbst für die Abkühlung der Temperatur und die Erstarrung des freien Flusses des Lebens zu gefrorenen Gebilden verantwortlich sind. Doch das Eis in unserem Herzen lässt sich durch liebevolle Unterstützung auf dem spirituellen Weg schmelzen und verwandelt sich dann wieder in das Wasser des Lebens. Die Substanz bleibt dabei die gleiche, nur der Aggregatzustand verändert sich, d.h., wir haben es mit Wasser oder Eis zu tun. Entsprechend verändert sich die Buddha-Natur in Ihnen auf Ihrem spirituellen Weg nicht grundlegend in ihrer Substanz oder ihrer grundlegenden Art. Sie braucht, in Analogie zu Eis und Wasser, nur wieder ins Fließen und Strömen gebracht zu werden. Was sich auflöst und umwandelt, sind die Verzerrungen und Verdrehungen in uns. Unser wahres Selbst ist und bleibt aber unverändert.

Da letztlich alles aus der gleichen Quelle hervorsprudelt und im Grunde schon immer Buddha oder Erwachen ist, gibt es in einem tiefen Sinne letztlich kein Problem. Nur haben wir unseren Ursprung leider vergessen und uns in einem Labyrinth verirrt, das wir selbst aufgebaut haben, und als gegebene, äußere Wirklichkeit auffassen. Jetzt suchen wir verzweifelt nach einem Ausweg aus diesem Irrgarten. Wir sind jedoch bereits Buddha, wir sind schon erwacht. Und somit ist letztlich auch die Welt nichts anderes als das Umfeld und die Umgebung eines Buddha.

Ein Universum voller Buddhas

Gerade haben Sie von der Lebensgeschichte des historischen Buddha gehört, der vor etwa 2500 Jahren im heutigen Indien lebte. Selbstverständlich ist auch im Mahayana der historische Buddha Shakyamuni von zentraler Bedeutung, weil er zu einer bestimmten Zeit und an einem konkreten Ort, nämlich in unserer Welt, den Weg zum Erwachen selbst gegangen ist und ihn danach anderen gewiesen hat. Nur weil Buddha Shakyamuni das Erwachen verwirklicht und den Weg dazu gelehrt hat, konnten diese Unterweisungen über die Jahrhunderte bis auf den heutigen Tag weitergegeben und von vielen anderen Wesen umgesetzt werden. Dem Buddha Shakyamuni und allen Wesen, die seine Lehren bewahrt, ausgeübt, und verwirklicht haben, sind wir zu großem Dank verpflichtet. Diese Wesen haben einen kostbaren Schatz bewahrt, den wir hier und heute empfangen können.

Doch nach der Anschauung des Mahayana gab es weitere Buddhas vor Shakyamuni und es wird auch noch zukünftige Buddhas geben. Nach dem Mahayana ist das Universum bevölkert von unzähligen Buddhas. „Buddha“ wird hier eher als Prinzip verstanden, als erleuchtete Kraft oder Buddhaschaft, die sich in unendlichen Variationen verkörpern oder zum Ausdruck bringen kann und somit für uns sichtbar und zugänglich wird. Nach dieser Anschauung ist Erwachen oder Buddhaschaft auch kein einmaliges Ereignis, das vor etwa 2500 Jahren stattgefunden hat, sondern etwas, das viele Menschen ebenso erlebt und verwirklicht haben wie der historische Buddha. Dies bedeutet, dass Buddhaschaft nicht in Raum und Zeit festgelegt ist, sondern immer und überall möglich ist.

Buddha-Natur in allen Wesen

Man spricht im Mahayana daher nicht nur von dem einen historischen Buddha oder den Buddhas als erwachten Individuen, sondern von „Buddha" als Zustand des Erwacht-Seins, von Buddhaschaft. Und diese *Buddhaschaft*, so heißt es, ist in uns allen bereits als Keim oder Potential angelegt. Dieses Potential ist die *Buddha-Natur*.

Das Potential zur Buddhaschaft schlummert in uns und soll wachgerüttelt und zur Entfaltung gebracht werden. Manchmal wird es beschrieben als ein Samen, der erst noch wachsen muss und unsere Pflege braucht, bevor daraus eine Pflanze mit Blüten und später Früchten wird. Andere Quellen sagen, Buddha-Natur ist wie Gold, das in der Erde liegt, umschlossen von Golderz. Das Gold muss freigelegt werden, ist aber an sich vollständig entwickelt. Ein weiteres Bild für die Buddha-Natur und unsere gewöhnliche Seinsweise ist das von Sonne und Wolken. Die Buddha-Natur wird mit der Sonne verglichen, die immer scheint, auch wenn sich gelegentlich Wolken – unsere Leidenschaften, vorübergehenden Fehler und Probleme – vor die Sonne schieben.

Im *Dzogchen* ist man sogar der Auffassung, dass unser Potential bereits voll entfaltet ist, dass Buddhaschaft also schon voll entwickelt in uns existiert und völlig unverhüllt, ganz offen vor unseren Augen liegt. Wir schauen nur nicht richtig hin bzw. suchen am falschen Ort. Man kann es auch so ausdrücken: Wir tragen eine Brille mit schmutzigen Gläsern und durch diese können wir die Buddha-Natur eben nicht klar sehen. Wir meinen, sie sei mit Schmutz behaftet – dabei haftet der Schmutz auf der Brille. Eine andere Person muss uns auf den Schatz, der da vor unseren Augen liegt, aufmerksam machen.

Buddha-Natur befreit sich selbst

Das Potential zum Erwachen, die Buddha-Natur ist in allen Lebewesen angelegt, allerdings nicht als ein persönlicher Besitz. Wir können nicht über die Buddha-Natur verfügen, so als wäre sie ein niedliches Schmuckstück, das wir gelegentlich aus dem Kästchen holen, polieren und an dessen Glanz wir uns erfreuen. Buddha-Natur lässt sich weder manipulieren noch kontrollieren, weder vergrößern noch verkleinern. Sie ist einfach da und wirkt nach ihren eigenen Gesetzmäßigkeiten, ob wir das wissen oder nicht, ob uns das passt oder nicht. Und sie ist in allen Menschen, in allen Lebewesen, nicht nur in uns. Wir sind sozusagen alle aus Buddha-Natur gemacht. Sie strömt, fließt und pulsiert durch uns hindurch. Es ist fast so, als besäße sie uns. Und sie drängt von sich aus ans Tageslicht, will hervorkommen, sich entwickeln, sich entfalten.

Der Impuls, die Buddha-Natur freilegen zu wollen, die Motivation, sich auf den spirituellen Weg zu begeben, kommt somit aus der Buddha-Natur selbst – und nicht etwa vom „Ich". Gewissermaßen will die Buddha-Natur sich selbst befreien und wir gehen einfach mit. Sie ist verwoben mit einem Gespür für Wahrheit und Sehnsucht nach Wahrheit, und dieses Gespür treibt uns an, uns auf den Weg zum Erwachen zu begeben und diesem zu folgen.

Grundlegendes Gutsein

Bei den vollendeten Buddhas ist dieses Potential voll entwickelt, bei den *Bodhisattvas*, d.h. den Wesen, die auf dem Weg zum Erwachen schon weit fortgeschritten sind, ist das Potential zum größten Teil entfaltet, bei uns gewöhnlichen Lebewesen eben nur zu einem geringen Grad. Aber das Potential ist in allen Fällen gleich. Diese Buddha-Natur ist unsere eigentliche Natur, unser wahres Sein, unser eigentliches Wesen. Weil Buddha-Natur alle guten Qualitäten in sich trägt, die wir uns nur vorstellen können, wie Güte, Großzügigkeit, Mitgefühl und Weisheit, bedeutet dies auch, dass wir alle von Grund auf gut sind.

Vielleicht überrascht Sie diese Idee des grundlegenden Gutseins der Lebewesen. Wir sind in unserer westlichen Kultur eher von der Vorstellung geprägt, von Natur aus unzulänglich und sündig zu sein. Im Mahayana und Dzogchen wird also das genaue Gegenteil gesagt. In dieser Anschauung drückt sich ein großes Vertrauen in die tiefere Wirklichkeit des Lebens und des Seins aus. Das bedeutet, dass wir uns im Grunde zurücklehnen können: Es gibt ja eigentlich nichts zu erreichen. Wir haben bereits alles in uns, worauf es ankommt. Besonders die Lehren des Dzogchen weisen uns wieder und wieder darauf hin, dass wir es uns selbst gewähren und gönnen dürfen, uns in einer ganz tiefen Weise zu entspannen und loszulassen. Es gibt jedoch unterschiedliche Arten des „Nichtstuns", wie in Kapitel 16 erläutert.

Und natürlich geht es auch darum, in all den Wesen um uns herum Buddha-Natur wahrzunehmen, und nicht bloß die vorübergehenden Wolken der Negativität und der Fehler anderer, die sich da zeitweise vor die Sonne ihrer Buddha-Natur schieben.

Erwachtes Herz und erwachtes Sein

Bodhicitta, das erwachte Herz, gilt im Mahayana als die zentrale Kraft im Leben und im Universum. Bodhi bedeutet Erwachen und ist verwandt mit dem Begriff Buddha, „der Erwachte". Citta wurde in den frühen Tagen des Buddhismus im Westen meist mit „Geist" übersetzt und Bodhicitta entsprechend als „Erleuchtungsgeist" verstanden. Im Laufe der Zeit ist aber deutlich geworden, dass der Begriff „Citta" sich nicht nur auf geistige Qualitäten wie Einsicht und Weisheit bezieht, sondern auch Eigenschaften wie Liebe und Mitgefühl umfasst, d.h. Qualitäten, die wir im Westen mit dem Herzen verbinden. Citta meint also Herz <u>und</u> Geist.

Bodhicitta bedeutet somit, dass unser Herz und unser Geist ganz darauf ausgerichtet sind, zum Wohle aller Erwachen oder Erleuchtung zu verwirklichen. Das Hervorkommen von Bodhicitta wird zwar manchmal als fester Entschluss beschrieben, ist aber eher als tiefer Herzenswunsch zu verstehen. Je mehr wir uns auf Bodhicitta ausrichten, desto eher gelingt es uns, mit dem Herzen zu sehen und aus dem Herzen heraus zu handeln. Man kann Buddha-Natur und Bodhicitta gleichsetzen: Bodhicitta ist die durch Herz und Geist zum Ausdruck gebrachte Buddha-Natur.

Bodhicitta – das Herz des Erwachens, der Geist des Erwachens oder auch „das erwachte Herz“ ist der Grund in uns, durch den wir ganz deutlich, vielleicht mit einem Ziehen im Herzen oder mit Herzklopfen spüren, dass das Leid der Wesen, der Schmerz der Welt nur einen einzigen Weg für uns offen lässt: uns zu bemühen, dieses Leid zu beenden und zum Wohle aller zu wirken. Wenn dieser Entschluss sich in uns kristallisiert, ist unser ganzes Wesen, unser gesamtes Sein betroffen. Manch einer zittert, schluchzt oder weint. Man ist gleichzeitig traurig und froh: unendlich traurig, dass es so viel Leid gibt und froh, weil man einen Weg entdeckt hat, der aus dem Leid herausführt – auch wenn es ein langer und schwieriger Weg sein mag.

Bodhisattvas – Wesen auf dem Weg zum Erwachen

Menschen, die diesen Entschluss gefasst haben, zum Wohle aller Erwachen zu verwirklichen, werden Bodhisattvas genannt, wörtlich „Erleuchtungswesen“. Dies sind Wesen, die sich auf den Weg in Richtung vollkommener Erleuchtung zum Wohle aller gemacht haben. Eine Variante der tibetischen Übersetzung dieses Begriffs aus dem Sanskrit betont einen zusätzlichen Aspekt, der auf dem Weg der Bodhisattvas zum Tragen kommt: Mut und Heldenhaftigkeit.

Es gibt verschiedene Arten von Bodhisattvas. Da sind zum einen wir gewöhnlichen Bodhisattvas. Wir haben uns für den Weg des Buddha entschieden haben und bemühen uns nun, diesem Weg zum Wohle aller zu folgen. Als Bodhisattva wird ein Mensch wie Sie oder ich bezeichnet, der sich auf dem Weg zur Erleuchtung befindet und dabei den Pfad des Mahayana geht. Solche Menschen könnte man als „Anfänger-Bodhisattvas“ oder „Übungsbodhisattvas“ bezeichnen. Auf die grundlegende Motivation eines Bodhisattva, auf die innere Haltung und die Ausdrucksweisen eines solchen „Erleuchtungswesens“ wurde in vielen Kapiteln Bezug genommen.

Zum anderen gibt es fortgeschrittene Bodhisattvas. Dies sind Wesen, die in ihrer Einsicht und ihrem Sein der Buddhaschaft schon sehr nahe sind und dadurch den Lebewesen im Samsara, d.h. den im Kreislauf der Existenzen gefangenen Wesen, Hilfe und Schutz bieten können. Manchmal werden sie mit den christlichen Heiligen verglichen. Es gibt zudem sehr hoch entwickelte Bodhisattvas, die im Grunde auf der gleichen Stufe wie die Buddhas stehen. Allgemein spricht man von verschiedenen Entwicklungs*stufen*, die Bodhisattvas auf ihrem Weg zur Buddhaschaft beschreiten. Meist ist von zehn solcher Stufen die Rede, den sogenannten Bodhisattva-Bhumis. Darauf wurde im Kapitel 5 „Den Weg gehen" näher eingegangen.

Ungreifbarkeit der Dinge

Wenn wir vom Netz des Indra sprechen und von kleinsten Teilchen des Universums, die sich gegenseitig spiegeln und durchdringen, so gelten auch hier die grundlegenden buddhistischen Erkenntnisse, dass diese Teilchen keineswegs so etwas wie solide, autonome, stofflich wirklich existierende Atome sind. Vielmehr sind sie bloße Erscheinungen, ungreifbar wie ein Regenbogen oder eine Luftspiegelung.

Mit „Ungreifbarkeit" oder „Luftspiegelung" ist hier das umschrieben, was im Buddhismus „Einsicht in die Leerheit aller Erscheinungen" genannt wird. Denn die Mahayana-Lehren über die Buddha-Natur und das Netz des Indra basieren auf einer Erfahrung und Einsicht in diese Leerheit bzw. Nichtstofflichkeit der Dinge. Hierbei geht es um eine Erkenntnis, die als direkte Erfahrung erlebt wird, und im Allgemeinen ein regelmäßiges Meditieren voraussetzt. Buch Dies kann hier nur angedeutet werden, z.B. mit dem Bild der Seifenblase: Die Seifenblase schillert bunt und treibt in der Luft. Sie sieht nach etwas Wirklichem aus, verfügt jedoch nicht über eine feste Stofflichkeit. Wenn wir sie festhalten wollen, zerplatzt sie. Wir können nicht nach ihr greifen und sie mit nach Hause nehmen …

Wenn jemand eine authentische Erfahrung der Leerheit hat, wird er die Welt danach zwar anders wahrnehmen, aber es ist nicht so, als würde sich alles in Luft auflösen. Leerheit bezeichnet kein totes, schwarzes Nichts, sondern ist wie ein unendlich weiter, offener Raum, aus dem gleich einem Füllhorn oder einem Brunnen in einer mannigfaltigen Fülle Erscheinungen auftauchen, und sich dann wieder in den Raum hinein auflösen.

Das, was sich zeigt, was auftaucht, d.h. die Erscheinungen, wird somit nicht gering geachtet, sondern mit Verwunderung und Ehrfurcht bestaunt: Welch ein Wunder, dass sich die Dinge manifestieren, wo sie doch leer sind! Das führt zur Erkenntnis, dass dieses Leben, dieses Universum, unserer Erfahrungsbereich tatsächlich eine Welt der unbegrenzten Möglichkeiten ist, die sich als lebendige und mitfühlende Ausstrahlung zeigt.

Weisheit und Mitgefühl

Wie schon erwähnt, kommen in der Erleuchtung die positiven Qualitäten von Herz und Geist zu einem Ganzen zusammen. Dies wird mit dem Begriffspaar „Mitgefühl und Weisheit" zum Ausdruck gebracht. Auf dem Übungsweg des Mahayana gibt es zahlreiche und auf den ersten Blick sehr unterschiedliche Meditationsmethoden. Zuweilen mag der Eindruck entstehen, als könnte man jeweils nur einen der beiden Aspekte üben, d.h. entweder Weisheit entwickeln oder aber Mitgefühl üben. Aber die buddhistischen Meister betonen, dass beide Aspekte in Wirklichkeit untrennbar sind.

Erst durch regelmäßiges Üben kann man dies selbst nachvollziehen: Durch Weisheit, d.h. Einsicht in die Ungreifbarkeit der Dinge, wird deutlich, dass all unsere künstlichen, starren Barrieren, die wir zwischen uns und anderen errichtet haben, in Wirklichkeit bloßes Blendwerk sind. Durch diese Erkenntnis spüren wir unsere Verbundenheit mit allem Leben stärker und Mitgefühl beginnt spontan zu fließen. Wenn wir uns andererseits auf die Entfaltung von Mitgefühl ausrichten, stoßen wir auf eben jene scheinbaren rationalen Gründe und Rechtfertigungen, die uns einreden wollen, die anderen seien ihrer Art nach völlig verschieden von uns. Wir spüren intuitiv, dass diese Begrenzungen nicht richtig sind, und lösen sie allmählich auf.

Im Laufe des Übens wird somit deutlich, dass Weisheit und Mitgefühl eine untrennbare Einheit bilden. Und diese Einheit ist letztlich nichts anderes als Bodhicitta – erwachtes Herz, erwachter Geist.

Hindernisse für das Erwachen

Warum sind wir eigentlich nicht schon völlig erwacht, wo wir doch mit dem Netz der Erleuchtung verwoben sind und Buddha-Natur in uns wirkt? Warum putzen wir nicht einfach unsere Brille oder treten einfach aus dem Labyrinth heraus?

Das Schlimme und Schmerzhafte ist, dass wir Gefangene sind in jenem Labyrinth, das einem Kreislauf von Gewohnheiten gleicht, einer Spirale von Aggression, Hass und Gewalt, von Gier und Geiz, mit all den damit verbundenen Facetten und Auswirkungen. Das Fortführen unserer Standardreaktionen führt aus buddhistischer Sicht zu immer weiteren Wiedergeburten und vielen Lebenszeiten, in denen wir verzweifelt nach dauerhaftem Glück streben, es aber niemals wirklich erreichen. Stattdessen erleben wir immer wieder Frustration, Leid und Kummer. Darum sprechen wir im Buddhismus vom spirituellen Ziel als der Befreiung aus dem Kreislauf der Existenzen oder der bedingten Welt.

Wie sind wir in diesen Irrgarten geraten? Der Buddha hat drei grundlegende unheilsame Tendenzen in den Wesen identifiziert, die drei Kleshas oder Geistesgifte Gier, Hass und Verblendung. Manchmal werden auch fünf Kleshas genannt, dann kommen zu diesen Dreien noch Stolz und Neid dazu. Jede buddhistische Übung hat das Ziel, diese Kleshas zu schwächen und letztlich zu überwinden bzw. zu transformieren.

Im Dzogchen spricht man von Unwissenheit *(avidya)* als der grundlegenden Ursache des Kreislaufs der Existenzen. Sie gilt, wie Rigdzin Shikpo erklärt, als eine aktive und fast uranfängliche Größe,

> *„… die sich auf etwas stützt, was Seinsgrund oder Basis der Existenz genannt werden könnte, jedoch jenseits von Gedanken und Worten liegt. Dieser uranfängliche Grund ist dennoch kein Nichts, keine bloße Schwärze, sondern hat eine Art von uranfänglicher Intelligenz in sich, „Vidya". Wie nun das Nicht-Wissen aus der uranfänglichen Intelligenz hervorkommt, ist geheimnisvoll und kann nicht logisch erklärt werden. Es gibt einfach die Möglichkeit, dass die Intelligenz in diesem uranfänglichen Grund ignoriert wird, sich gewissermaßen selbst ignoriert. Das uranfängliche Nicht-Wissen hat drei Aspekte: Der erste Aspekt ist das Ignorieren der Natur bzw. fast der Existenz des uranfänglichen Grundes. Dieser Grund hat eine besondere Qualität der Klarheit in sich, die man innewohnendes Leuchten nennen könnte. Er strahlt also, symbolisch gesprochen, Licht aus. Der zweite Aspekt des Nicht-Wissens besteht nun darin, dieses Ausstrahlen misszuverstehen und sich darauf zu fixieren, als wäre es ein äußeres Objekt.*
>
> *Die ersten beiden Arten von Nicht-Wissen sind noch nicht wirklich problematisch, und die uranfängliche Bewusstheit könnte sich davon leicht wieder „erholen", wie von einer Krankheit. …*
>
> *Wird die wahre Natur der Ausstrahlungen oder Manifestationen jedoch nicht erkannt und durchschaut, so beginnt ein Prozess, in dem das Nicht-Wissen immer intensiver wird und sich wie ein rollender Schneeball stetig vergrößert. … Das Bewusstsein, das versucht, mit all dem Schritt zu halten, fällt in eine Art Ohnmacht oder Bewusstlosigkeit. Wenn es aus dem unbewussten Zustand wieder hervorkommt, hält sich das Bewusstsein sozusagen für ein Lebewesen mit einem Geist und einem Körper, das von einem scheinbar feindlichen Universum umgeben ist."* [6]

---

6 Rigdzin Shikpo: *Das Rad des Lebens aus der Dzogchen-Sicht,* S. 9 – 10

Demnach gibt es in uns eine aktive Kraft des Nicht-wissen-Wollens, die schon vor der Ausformung unserer Persönlichkeit und einer Trennung in wahrnehmendes Subjekt und wahrgenommenes Objekt bestand. Die gleiche Unwissenheit drückt sich aber auch auf gewöhnlicheren Ebenen aus, die uns zugänglich sind: in unseren ichbezogenen Gewohnheiten und Tendenzen im Denken, Fühlen und Handeln.

Natürlich stellt sich Frage, warum wir uns offenbar dagegen wehren, uns auf unsere eigene Natur einzulassen. Der Grund ist, dass wir dazu das künstliche Konstrukt der Ich-Illusion aufgeben müssten, und das macht uns Angst. Wir haben uns so sehr an diese Konstruktion gewöhnt, dass sie uns lebenswichtig erscheint. Wir fürchten uns davor, uns selbst zu verlieren.

Und in einem gewissen Sinne verlieren wir „uns" tatsächlich, wenn wir Buddhas werden, weil im Prozess des Erwachens die Ich-Illusion in sich einstürzt. Unser wahres Selbst, die Buddha-Natur oder Buddhaschaft tritt dann erst vollständig in den Vordergrund. Wir verlieren also im Grunde nichts, weil es das vermeintlich von der Welt getrennte, unveränderliche und alles kontrollierende Ich in Wirklichkeit ohnehin niemals gegeben hat und wir gewinnen nur das, was wir schon immer hatten bzw. was wir schon immer waren: Buddha.

Die drei Juwelen: Buddha, Dharma, Sangha

Des Öfteren war in den einzelnen Kapiteln von Gaben an die Buddhas die Rede. Dieses Darbringen von Gaben beschränkt sich im Buddhismus allerdings nicht auf den Buddha oder die Buddhas, sondern wird im Allgemeinen auf die „Drei Juwelen" ausgedehnt, d.h. auf Buddha, Dharma (die Lehre des Buddha) und Sangha (die Gemeinschaft). Im Vajrayana verkörpert der persönliche spirituelle Lehrer oder die Lehrerin all das, was Buddha und insgesamt die Drei Juwelen bedeuten und wofür Erleuchtung steht: Erwachen, Klarheit, Weisheit, Mitgefühl, Großzügigkeit etc. Wer eine solche Beziehung zu einem Lehrer oder einer Lehrerin hat, bringt dieser Person als lebendiger Verkörperung von Buddha, Dharma und Sangha innerlich all das Gute dar, was ihm im Laufe des Tages begegnet. In einer solchen Beziehung zwischen Lehrer und Schüler wird sogar das vermeintlich Negative zur Gabe. Lehrer oder Lehrerin nehmen in einem natürlichen Tonglen-Prozess alles Negative von ihren Schülern und Schülerinnen auf und senden diesen ihrerseits Segen und Unterstützung.

Vajrayana

Im Vajrayana, dem diamantenen oder unzerstörbaren Fahrzeug des Buddha, gilt die gesamte Welt als heilig. Wir selbst und alle, die uns begegnen, sind Buddhas, unsere Umgebung ist das Reine Land der Buddhas, alle Klänge sind wie Mantras, alle Gedanken sind reine Bewusstheit. Das ist kein Märchen oder eine schöne Phantasie, man tut auch nicht nur „so als ob". Nach entsprechender Vorbereitung, Einführung, Einweihung und Übung kann dies tatsächlich so erlebt werden. Vor diesem Hintergrund ergibt sich ein ganz anderer Umgang mit sich selbst, den anderen Wesen und der Welt insgesamt, ein Umgang, der ganz natürlich durchdrungen ist von wacher Präsenz, Wohlwollen, Liebe und Mitgefühl.

Eine mögliche Annäherung an diese Welt stellen die fünf Elemente dar, wie sie bereits im Kapitel 12 „In und mit der Natur" beschrieben wurden. Die tantrische Sichtweise kann eine Inspiration bieten, unsere eigene innere Verbundenheit mit diesen Elementen zu spüren, anstatt diese bloß als äußere, grobstoffliche Materie zu begreifen. So lässt sich etwa das Feuerelement in unserem Körper als Wärme wahrnehmen, in unseren Emotionen als feuriges Verlangen oder heiße Aggression, aber auch als leidenschaftliche Liebe und warmes Mitgefühl. Auf der geistigen Ebene ist Feuer die Lebendigkeit der Gedanken. Entsprechende Parallelen gibt es für die anderen Elemente. Auch hier ist eine Vernetzung und Verbindung gegeben: Wir sind als Menschen, wie alles andere im Universum, aus den fünf Elementen zusammengesetzt. Auf subtilster Ebene sind nach dieser Anschauung die fünf Elemente nichts anderes als die fünf weiblichen Buddhas. Zusammen mit den männlichen erleuchteten Formen und den Bodhisattvas bilden sie die fünf Buddha-Familien. Dies sind Ausdrucksformen der wahren Natur des Seins, die für uns zugänglich sind und Brücken bilden können zu Zuständen, die jenseits von Formen, Bildern, Worten und Gedanken liegen.

Die eigentliche Übung des Vajrayana ist nur nach entsprechender, meist jahrelanger Vorbereitung und einer Einweihung durch persönliche Lehrer oder Lehrerinnen möglich. In diesem Buch konnte nur eine Verbindung zum Vajrayana mittels Inspiration aufgezeigt werden.

Buddhismus kennenlernen

Falls Sie nun den Wunsch verspüren, die buddhistische Lehre wirklich kennenzulernen, ist der Besuch von Vorträgen, Seminaren und Kursen zu empfehlen. Dort erhalten Sie genaue Anweisungen zur Meditation und entsprechende Hilfe und Unterstützung. Das „Komm und sieh" des Buddha war ganz direkt und persönlich gemeint: Schauen Sie selbst, ob diese Lehre und Praxis etwas für Sie ist. Auf den nächsten Seiten finden Sie Vorschläge, wie Sie zu buddhistischen Gruppen und Lehrern Kontakt aufnehmen können.

Quellen

Übersetzungen von Sutras (Lehrreden) und klassischen buddhistischen Texten in deutscher Sprache:

Das Kegon-Sutra, Torakazu Doi (Herausgeber und Übersetzer): 2 Bände, Neuauflage, Angkor Verlag, Frankfurt 2008.

Das Totenbuch der Tibeter; Herausgegeben von Francesca Fremantle und Chögyam Trungpa, Diederichs Verlag, München 2008.

Patrul Rinpoche: *Die Worte meines vollendeten Lehrers.* Arbor Verlag, Freiamt 2001.

Shantideva: *Der Weg des Lebens zur Erleuchtung. Das Bodhicaryavatara.* Übersetzung von Ernst Steinkellner aus dem Sanskrit. Diederichs Gelbe Reihe, Frankfurt 2005.

Nachschlagewerke und Überblicke

Lexikon der östlichen Weisheitslehren. O.W. Barth Verlag, München 1997.

Fred von Allmen: *Buddhismus. Lehren, Praxis, Meditation.* Theseus Verlag, Berlin 2007.

Paul H. Köppler: *So spricht Buddha. Die schönsten und wichtigsten Lehrreden des Erwachten.* O. W. Barth Verlag, München 2004.

Volker Zotz: *Mit Buddha das Leben meistern: Buddhismus für Praktiker.* Rowohlt Verlag, Reinbek 1999.

Zeitgenössische Werke über Buddhismus, vor allem aus der tibetischen Kagyü- Nyingma-Tradition

Bokar Rinpoche: *Die tägliche Praxis.* Kagyü-Dharma-Verlag, Mechernich 1989.

Chögyam Trungpa Rinpoche: *Das Buch vom meditativen Leben.* O. W. Barth Verlag, München 1989.

Ders.: *Der Mythos Freiheit und der Weg der Meditation.* Theseus Verlag, Berlin, 3. Auflage 1996.

Ders.: *Feuer trinken, Erde atmen. Die Magie des Tantra.* Diederichs Verlag, München 1982. Englischer Titel: „Journey without Goal" in *Collected Works of Chögyam Trungpa Rinpoche.* Band IV. Shambhala, Boston 2003.

Ders.: *Spirituellen Materialismus durchschneiden.* Theseus Verlag, Küsnach 1989.

Ders.: *Weltliche Erleuchtung. Die Weisheit Tibets für den Westen.* Arbor Verlag, Freiamt 2002.

Dzogchen Ponlop Rinpoche: *Der Geist überwindet den Tod. Das tibetische Totenbuch für unsere Zeit.* Theseus Verlag, Berlin 2009.

Francesca Fremantle: *Luminous Emptiness. Understanding the Tibetan Book of the Dead.* Shambhala, Boston 2001.

Jonathan Landaw und Janet Brooke: *Prinz Siddhartha.* Diamant Verlag, Jägerndorf 1987.

Rigdzin Shikpo: *Das Herz befreien.* Buddhistische Gemeinschaft Longchen e. V., 2008.

Ders.: *Das Rad des Lebens aus der Dzogchen-Sicht.* Broschüre, Buddhistische Gemeinschaft Longchen e. V., 2008.

Ders.: *Formlose Meditation und der Prozess des Sterbens.* Broschüre, Buddhistische Gemeinschaft Longchen e. V., 2. Auflage 2005.

Ders.: *Meditation und Achtsamkeit. Schlüssel zu innerem Vertrauen.* Theseus Verlag, Berlin 1999.

Ders.: *Vielfarbige Kostbarkeiten.* Vorträge, Broschüre, Buddhistische Gemeinschaft Longchen e. V., 2007.

Ders.: *Wende dich niemals ab. Der buddhistische Weg jenseits von Hoffnung und Furcht.* Arbor Verlag, Freiamt 2009.

Thich Nhat Hanh: *Wie Siddhartha zum Buddha wurde. Eine Einführung in den Buddhismus.* Deutscher Taschenbuch Verlag, München 2007.

Hintergründe und Zusammenhänge aus Wissenschaft, Spiritualität und anderen Werken

Prof. Dr. med. Eckhart Altenmüller u. a.: Der Gänsehaut-Faktor. In: *Gehirn und Geist*, Das Magazin für Psychologie und Hirnforschung, Spektrum Verlag, Ausgabe 1–2 / 2007, S. 58 – 63.

Joachim Bauer: *Prinzip Menschlichkeit. Warum wir von Natur aus kooperieren.* Hoffmann und Campe, Hamburg 2006.

Joachim-Ernst Berendt: *Das Dritte Ohr. Vom Hören der Welt.* Rowohlt Taschenbuchverlag, Reinbek 1988.

O. Brink / A. Quasebarth / P. Saltuari: *Wie Offenheit die Liebe stärkt. Zwiegespräch und Familienstellen.* Herder Verlag, Freiburg 2004.

Pragito Dove: *Erleuchtung in der Mittagspause. 50 Entspannungsübungen und Meditationen.* Ullstein Verlag, Berlin 2007.

Joachim von Königslöw: *Flüsse Mitteleuropas. Zehn Biographien.* Urachhaus Verlag, Stuttgart 1995.

Jacques Lusseyran: *Das Leben beginnt heute. Erinnerungen und Begegnungen eines Blinden.* Taschenbuchausgabe, 3. Auflage. Dtv / Klett-Cotta, München 1994.

Ders.: *Das wiedergefundene Licht. Die Lebensgeschichte eines Blinden im französischen Widerstand.* Dtv / Klett-Cotta, München 2003.

Jeanne Ruland, Judith Schaffert: *Engel - Kraftsüppchen.* Schirner Verlag, Darmstadt 2006.

Internet-Seiten

Buddhistische Gemeinschaft Longchen:
www.longchen.de

Deutsche Buddhistische Union, Dachverband für buddhistische Gruppen und Einzelmitglieder; Herausgeberin des Magazins „Buddhismus aktuell“
www.buddhismus-deutschland.de

Informationen über Zen-Literatur, Meister und Gruppen
www.zen-guide.de

Seite zum „Lotus-Effekt“
www.lotus-effect.de

Institut für Musikphysiologie und Musikermedizin an der Hochschule für Musik und Theater, Hannover
www.immm.hmt-hannover.de

Informationen über Synästhesie
www.synaesthesie.org
www.synaesthesie.net

Singende Krankenhäuser
www.singende-krankenhaeuser.de

Über Rainer Maria Rilke
www.rilke.de

Danksagung

Die Möglichkeit, sich im Alltag und bei der Ausführung vermeintlich gewöhnlicher, alltäglicher Handlungen mit der tieferen Wirklichkeit des Seins zu verbinden, fasziniert mich schon seit vielen Jahren. Es handelt sich dabei um einen Weg, der viel Aufmerksamkeit, Ehrlichkeit, Offenheit und Mut erfordert. Letztlich führt er dazu, dass man nicht mehr unterscheidet zwischen Heiligkeit und Weltlichkeit, zwischen banal und tiefgründig: Jeder Moment ist gleichzeitig gewöhnlich und außergewöhnlich, weltlich und heilig, relativ und absolut.

Mein spiritueller Lehrer, der englische Dzogchen-Lehrer Rigdzin Shikpo ist lebendes Beispiel und Vorbild für eben diesen Ansatz und er gibt uns als seinen Schülern und Schülerinnen ausführliche Erläuterungen für eine wahrhaft spirituelle Praxis mitten im Alltag. Im Zusammensein mit einem solchen besonderen Lehrer ist jede Handlung, jede Geste, jedes Wort ein Symbol, ist Unterweisung. Rigdzin Shikpo schöpft u. a. aus dem Avatamsaka-Sutra, einer bedeutenden buddhistischen Schrift aus der Überlieferung des Großen Fahrzeugs (*Mahayana*), enorme Inspiration und seine Begeisterung für die dort dargelegten Lehren ist ansteckend. So kam es zum Leitmotiv von der Vernetzung mit der Erleuchtung und entsprechender Anknüpfungspunkte im Alltag in diesem Buch.

Da ich häufig für Rigdzin Shikpo übersetze und dolmetsche, hallen viele seiner Sätze und Ausdrücke in mir nach und fließen gleichsam aus mir heraus. So stammt vieles von dem, was Sie hier gelesen haben, tatsächlich von ihm, auch wenn es nicht immer als wörtliches Zitat gekennzeichnet ist. Mein Dank ist daher vor allem an Rigdzin Shikpo gerichtet, für seine Großzügigkeit und Geduld, seinen Humor und auch seine Strenge, seine mitfühlenden und glasklaren Unterweisungen, sowie die Aufnahme in seine Tradition der Longchen Foundation.

Alle Lehrenden sind von einem Kreis von Schülern und Schülerinnen umgeben. Der Austausch mit meinen Freunden und Kollegen im Longchen-Mandala, sowohl in Großbritannien als auch in Deutschland, und deren Unterstützung in vielfältiger Weise hat wesentlich zur Entstehung dieses Buches beigetragen. Ich danke allen dafür!

Noch viele weitere Personen nehmen Anteil an meinem Weg, erkundigen sich nach Entwicklungen, nach Veröffentlichungen, zeigen mir ihr Interesse und ihre Wertschätzung. Meine Familie, Freunde und Bekannte sind somit eingewoben in diesen Weg. Vielen Dank für diese Rückendeckung!

Gedenken möchte ich an dieser Stelle außerdem Michael Stürzer, früherer Lektor beim Theseus Verlag. Er starb im April 2007 an einem Krebsleiden. Im Jahr 2005 haben wir intensiv an der Entwicklung meines vorhergehenden Buches „Das Herz erwecken" zusammengearbeitet. Seine Ratschläge an mich für das Schreiben kamen von Herzen und ich versuche, sie weiterhin zu beherzigen. So bleibt Michael Stürzer für mich lebendig. Ich bin ihm sehr dankbar.

Möge dieses Buch eine Inspiration für Sie sein, sich mit der Erleuchtung zum Wohle aller zu vernetzen.

Mögen sich Fehler, die von mir stammen, nicht hinderlich oder störend auswirken.

Über die Autorin

Irmentraud Schlaffer, 1957 geboren, unternahm nach dem Abitur längere Reisen ins Ausland, u. a. nach Nord- und Südamerika und durch Asien. Auf Sri Lanka nahm sie zum ersten Mal an einem buddhistischen Meditationskurs teil und fand damit ihren spirituellen Weg. Zurück in Deutschland übte sie einige Zeit unter Anleitung von Mönchen aus der Theravada-Tradition, fasste dann aber in der tibetischen Karma-Kagyü-Tradition Fuß. Um die buddhistischen Schriften im Original lesen zu können, studierte sie neben Vergleichender Religionswissenschaft auch Pali, Sanskrit und Tibetisch. Später nahm sie an einem fünfjährigen Studienprogramm der buddhistischen Philosophie in der Karma-Kagyü-Tradition teil. Während der ganzen Zeit übte sie entsprechende Meditationsformen und versuchte stets, die Lehre des Buddha von innen heraus, aus ihrer eigenen Erfahrung zu verstehen.

Nach dem Abschluss ihres Studiums gab sie Tibetisch-Kurse, übersetzte mehrere buddhistische Bücher aus dem Englischen und hielt Vorträge zu buddhistischen Themen. Ein Aufbaustudium „Deutsch als Fremdsprache" führte zu Tätigkeiten im Bereich Sprachunterricht Deutsch, u. a. für Einwanderer und ausländische Studenten. Sie ist Mutter einer inzwischen erwachsenen Tochter.

1991 kam sie mit den Lehren der Longchen Foundation in Berührung und ist seit 1993 Schülerin und Übersetzerin des englischen Dzogchen-Lehrers Rigdzin Shikpo. Von ihm wurde sie zur Lehrerin in seiner Tradition der Longchen Foundation ernannt.

Irmentraud Schlaffer leitet Seminare über Meditation und buddhistische Themen und ist als Autorin, Übersetzerin und Beraterin tätig. Ihr Schwerpunkt ist die praktische Anwendung der buddhistischen Lehre im Alltag. Siehe www.i-schlaffer.de

Weitere Veröffentlichungen:

Buddhismus für den Alltag. Mit entspannter Aufmerksamkeit durch den Tag. Theseus 2003 und 2007

Das Herz erwecken. Zwölf Schritte zu einem mitfühlenden Leben. Theseus 2006

Diverse Artikel im buddhistischen Magazin *Buddhismus aktuell*

Zuletzt: 1/2010: „Mitgefühl aus ganzem Herzen"

Kontaktadressen

Die Autorin lehrt und lernt in der von Rigdzin Shikpo geleiteten Tradition der Longchen Foundation, die in Deutschland durch die Buddhistische Gemeinschaft Longchen e. V. vertreten ist.

Informationen über Seminare der Autorin:
www.i-schlaffer.de

Informationen zur Buddhistischen Gemeinschaft Longchen e. V.:
www.longchen.de

und bei:
Karola Wiechers
Giesebrechtstr. 14
10629 Berlin
Telefon: 030 / 883 69 77
E-Mail: karo.wie@t-online.de karo.wie@t-online.de

Einen guten Überblick über buddhistische Gruppen verschiedenster Traditionen erhalten Sie bei den Dachverbänden. Dort gibt es auch nach Postleitzahlen geordnete Verzeichnisse, so dass Sie leicht eine Gruppe in der Nähe Ihres Wohnorts finden können.

In Deutschland:
Deutsche Buddhistische Union
Geschäftsstelle
Amalienstr. 71
80799 München
Tel. 0700 / 28 33 42 33
www.dharma.de

In Österreich:
Österreichische Buddhistische Religionsgesellschaft
Fleischmarkt 16
A – 1010 Wien
Tel. und Fax: 0043 / 1 / 512 37 19
www.buddhismus-austria.org

In der Schweiz:
Schweizerische Buddhistische Union
www.sbu.net

Weitere Literatur aus dem Arbor-Verlag:

Rigdzin Shikpo

Wende dich niemals ab

Der buddhistische Weg jenseits von Hoffnung und Furcht

Wende dich nicht ab, wenn dich Angst, Trauer oder Scham zu überwältigen drohen. Stelle dich dem Leben und all dem, was es dir zu bieten hat.

Rigdzin Shikpo konfrontiert uns in unausweichlicher Klarheit und Schärfe mit uns selbst. Eindringlich und herausfordernd ist der Pfad offenen, klaren und einfühlsamen Gewahrseins – ein Kennzeichen der Dzogchen-Linie des tibetischen Buddhismus.

Wende dich niemals ab ist eine Einführung in die Herz-Essenz der Lehre des Buddha. Diese Lehren sind jedoch nicht etwas, womit wir beginnen und die wir später, wenn wir zu höheren Dingen fortschreiten, wieder vergessen können. Sie stehen im Mittelpunkt des buddhistischen Pfades, vom Anfang bis zum Ende.

Dies ist das erste und einzige Buch von einem der wichtigsten buddhistischen Lehrer unserer Zeit. Ganz in der Tradition seiner Lehrer Chögyam Trungpa und Dilgo Khyentse Rinpoche lädt uns Rigdzin Shikpo ein, uns nicht abzuwenden, an die Orte zu gehen, die wir fürchten, und uns voll und ganz für das, was ist, zu öffnen.

ISBN 978-3-936855-78-4

Dzigar Kongtrül

Licht bricht durch

Das Erwachen unserer natürlichen Intelligenz

Unsere Gedanken und Gefühle gehen oft mit uns durch. Im Bruchteil einer Sekunde kann unsere Stimmung von „himmelhoch jauchzend“ auf „zu Tode betrübt“ umschlagen. Kein Wunder, dass es uns manches Mal so scheint, als würden wir wie in einem führerlosen Zug durch unser Leben dahinrasen.
Mit ebenjener für Dzigar Kongtrül charakteristischen humorvollen, tiefen Klarheit lädt er uns spielerisch und herausfordernd ein, in das Kraftfeld des menschlichen Geistes einzutauchen. Dabei geht es um verwirrende Gefühle, unsere Beziehungen zu anderen, die Falle der Selbstzentriertheit und die Praxisfelder in der Arbeit mit einem buddhistischen Lehrer.

ISBN 978-3-86781-012-8

Chögyam Trungpa

Weltliche Erleuchtung

Die Weisheit Tibets für den Westen

Wer im Geist des spirituellen Kriegers lebt, der kann dazu beitragen, eine erleuchtete Gesellschaft zu schaffen, hier und jetzt, mitten in der Welt, auch im modernen Westen. Dieses Buch vereint die essentiellsten Texte Trungpas zu Theorie und Praxis der spirituellen Kriegerschaft.

Eine dichte, allgemeinverständliche und lebendige Zusammenstellung aus den wichtigsten Schriften des wohl bekanntesten Meisters des tibetischen Buddhismus unserer Zeit.

ISBN 978-3-924195-54-0

Lawrence Ellyard

Buddha für das tägliche Leben

Das Dhammapada in zeitgemäßer Übersetzung

Das Dhammapada gilt als das Herzstück der buddhistischen Literatur. Dank seiner poetischen Kraft, Prägnanz und Weisheit zieht es Leserinnen und Leser seit jeher in seinen Bann. Das Dhammapada kann uns das Licht im Dunkeln sein, eine Quelle reiner Weisheit, ein Reiseführer für den Pfad der Suchenden. Buddha im täglichen Leben präsentiert den klassischen Grundlagentext buddhistischer Weisheit in einer zeitgemäßen Übertragung.

„Die Schulung und Disziplinierung des Geistes gilt als die Essenz der Lehre des Buddha. Denn ein disziplinierter Geist führt zu Glück, und ein undisziplinierter Geist führt zu Leiden. Das Dhammapada beschreibt einen Pfad ethischen Verhaltens, der durch diese Art der inneren Disziplin gekennzeichnet ist: eine Disziplin, die zu einem glücklicheren Leben führt. Es enthält Ratschläge, die für jeden und jede geeignet sind – ob er oder sie nun in der Praxis des Buddhismus am Anfang steht oder darin schon recht erfahren ist oder einfach nur einen Weg zum Glücklichsein sucht. Es freut mich sehr, dass Lawrence Ellyard das Dhammapada in einer zeitgemäßen Übersetzung wiedergibt.“

Tenzin Gyatso, der XIV. Dalai Lama

ISBN 978-3-936855-77-7